MIX
Papier aus verantwortungsvollen Quellen
Paper from responsible sources
FSC® C105338

Leonid Borin

Die Bedeutung der WTO für die Liberalisierung des Welthandels

Aufarbeitung einer Kontroverse

Diplomica Verlag GmbH

Borin, Leonid: Die Bedeutung der WTO für die Liberalisierung des Welthandels: Aufarbeitung einer Kontroverse. Hamburg, Diplomica Verlag GmbH 2013

Buch-ISBN: 978-3-8428-9703-8
PDF-eBook-ISBN: 978-3-8428-4703-3
Druck/Herstellung: Diplomica® Verlag GmbH, Hamburg, 2013

Bibliografische Information der Deutschen Nationalbibliothek:
Die Deutsche Nationalbibliothek verzeichnet diese Publikation in der Deutschen Nationalbibliografie; detaillierte bibliografische Daten sind im Internet über http://dnb.d-nb.de abrufbar.

Hermannstal 119k, 22119 Hamburg
http://www.diplomica-verlag.de, Hamburg 2013
Printed in Germany

Inhaltsverzeichnis

Abkürzungsverzeichnis III

Abbildungsverzeichnis IV

Tabellenverzeichnis IV

1 Einleitung 1

2 Die Notwendigkeit eines multilateralen Handelsabkommens 3

2.1 Terms-of-Trade-Theorie und das Gleichgewichtsmodell 4

2.2 Terms-of-Trade-Theorie und die Politökonomie 6

2.3 Handelsabkommen als politisches Bindungsinstrument 9

3 Empirische Evidenz der Theorien 14

4 Effekte der WTO-Mitgliedschaft auf den Handel 17

4.1 Interpretation der Ergebnisse des Gravitationsmodells von Rose 17

4.2 Kritik an Rose's Berechnungen 20

5 Alternative Interpretation der empirischen Erkenntnisse von Rose 22

6 Messung der Handelspolitik 24

7 Verhaltensmuster in internationalen Wirtschaftsbeziehungen 27

7.1 Kooperation als evolutionärer Prozess 27

7.2 Populationsdynamik und evolutionäre Stabilität 29

7.3 Kritische Masse und Kooperation 31

8 Kooperationsprobleme und institutionelle Lösungsmöglichkeiten 35

8.1 Institutionen in einem anarchischen Umfeld 36

8.2 Rolle der Institutionen bei politischem Marktversagen 38

8.3 Haftungspflichten, Transaktionskosten und asymmetrische Informationen 39

8.4 Freifahrerverhalten und Verhandlungsprobleme 41

8.5 Zwischenfazit 42

9 Entwicklung des Welthandelssystems 44
9.1 Regeln und Prinzipien des GATT und der WTO 45
9.2 Besonderheiten der Verhandlungsrunden unter GATT 47
9.3 Probleme der WTO 49
10 Der Two-Level-Ansatz der internationalen Verhandlungen 51
11 Asymmetrie der Liberalisierung unter GATT 53
12 Die Rolle des Streitschlichtungsverfahrens in der Handelsliberalisierung 56
13 Abschlussbemerkung 59
Anhang V
Literaturverzeichnis XVII

Abkürzungsverzeichnis

BIP	Bruttoinlandsprodukt
DSB	Dispute Settlement Body
DSP	Dispute Settlement Procedure
DSU	Dispute Settlement Understanding
FTA	Free Trade Agreement
GATT	General Agreement on Tariffs and Trade
GSP	Generalized System of Preferences
ITO	International Trade Organization
MFN	Most-favoured-nation
NTB	Non-Tariff Barrier
OPEC	Organization of the Petroleum Exporting Countries
PTA	Preferential Trade Agreement
TFT	Tit For Tat
ToT	Terms-of-Trade
TPRM	Trade Policy Review Mechanism
WTO	World Trade Organization

Abbildungsverzeichnis

Abbildung 1: Effekt der Zollsetzung auf Welt- und Lokalpreise V
Abbildung 2: Optimales Handelsabkommen in der Anwesenheit/Abwesenheit der politischen Zollsetzungsmotive V
Abbildung 3: Kapitalallokation unter Freihandel und in Anwesenheit der Lobbygruppen VI
Abbildung 4: Effekte der Mitgliedschaft in GATT/WTO VI
Abbildung 5: Offenheit der WTO-Mitglieder und Nichtmitglieder VII
Abbildung 6: Gesamthandel in % mit GATT-/WTO-Mitgliedern VII
Abbildung 7: Durchschnittliche angewandte Zollsätze nach Regionen VII
Abbildung 8: Trade Freedom für Nichtmitglieder der WTO IX
Abbildung 9: Aggregierter Trade Freedom Index der Nichtmitglieder X
Abbildung 10: Simulated Ecological Success of the Decision Rules X
Abbildung 11: Die Pay-Off Funktionen von TFT vs. ALL D in Abhängigkeit von der Populationsgröße XI
Abbildung 12: Scatter Plots with Fitted Values: Trade Freedom and Dispute Variables XII

Tabellenverzeichnis

Tabelle 1: Trade Freedom Index der Nichtmitglieder der WTO XIII
Tabelle 2: GATT Verhandlungsrunden XIII
Tabelle 3: MFN Zollreduktion der Industrieländer XIV
Tabelle 4: Gebundene Zollsätze unter GATT vor der Uruguay Runde XIV
Tabelle 5: Zollsätze in den geschützten Sektoren in den USA und der EU XV
Tabelle 6 : Angewandte und gebundene Zollsätze ausgewählter WTO-Mitglieder XVI

1 Einleitung

Die WTO ist in der letzten Zeit sehr stark unter Druck geraten. Die seit nunmehr als zehn Jahren anhaltenden Verhandlungen in Doha haben immense Kosten verursacht, ohne dabei nennenswerte Ergebnisse zu liefern. Der mögliche Verhandlungskollaps der letzten Runde könnte eine neue Protektionswelle hervorrufen, wird befürchtet. Die jüngste Weltwirtschaftskrise hat schon einen ersten, faden Beigeschmack der protektionistischen Bestrebungen hinterlassen und gezeigt, dass der internationale Handel noch lange nicht robust ist.[1] Gleichzeitig ist eine Vielzahl neugegründeter regionaler Handelsabkommen zu beobachten. Die fortschreitende regionale Wirtschaftsintegration wird manchmal als Phänomen der zweiten Hälfte des 20. Jahrhunderts genannt. Laut World Trade Report 2011 existieren zurzeit um die 300 PTAs, was einen vierfachen Anstieg in den letzten zwei Dekaden bedeutet.[2] Mitte 2002 wurden z. B. 250 regionale Abkommen bei der WTO gemeldet, davon kamen 129 nach 1995 hinzu.[3] Soll das eventuell für das multilaterale Handelssystem ein Grund zur Sorge sein?

Die 2004 erschienene empirische Arbeit von Andrew Rose, in der er die Rolle der WTO für den internationalen Handel untersucht, goss noch mehr Öl ins Feuer. Roses Untersuchungsergebnisse erschüttern zwar einerseits die gängigsten Theorien, die die Notwendigkeit eines multilateralen Handelsabkommens erklären, andererseits erlauben sie gleichzeitig einen alternativen Blick auf die Natur des internationalen Wirtschaftssystems, in dessen Dramaturgie sich Wirtschaftsbeziehungen abspielen.

„International Institutions are increasingly important, but they are not always successful".[4]

Angesichts dieser Zustände erscheint es interessant, zu fragen, ob die Schirmherrschaft der WTO über dem Welthandelssystem notwendig für seine Effektivität ist. Dabei ist die Frage von Bedeutung, wie die internationalen Wirtschaftsbeziehungen funktionieren und ob sie einer externen Institution bedürfen. Wenn ja, wie ist eine solche Institution zu gestalten, um ihrer Rolle gerecht zu werden?

---

[1] Vgl. Evenett, S. J. (2009): The G20's assault on world trade, on: http://www.voxeu.org/article/update-global-protectionist-measures, abgerufen am 01.08.2012.
[2] Vgl. WTO (2011): World Trade Report 2011, S. 3.
[3] Vgl. Welfens, P.J.J. (2008): Grundlagen der Wirtschaftspolitik, 3. Auflage, Berlin, S. 804.
[4] Keohane, R.O. (1998): International institutions: Can interdependence work?, in: Foreign Policy, Issue 110, S. 82.

Im Kanon dieser Fragestellungen ist diese Arbeit wie folgt aufgebaut.

Abschnitt 2 beschreibt die Marktzugangs- bzw. Terms-of-Trade- sowie die Commitmenttheorien als zwei Ansätze, die die Notwendigkeit eines multilateralen Handelsabkommens beschreiben. Ihre Ergebnisse sind in Abschnitt 3 zusammengefasst. Daran anknüpfend erfolgen in Abschnitt 4 die Darstellung empirischer Ergebnisse von Andrew Rose und in Abschnitt 5 die kritische Hinterfragung ihrer Aussage. Im Lichte der gewonnenen Erkenntnisse werden andere Methoden der Messung der Handelspolitik vorgestellt, bewertet und selektiv auf gestellte Fragen angewandt. Die gesammelten Ergebnisse weisen darauf hin, dass die Liberalisierung des Welthandelssystems sich vielmehr eigendynamisch entwickelt als ursprünglich angenommen und ein anarchisches System darstellt. Wie eine allerdings beobachtete Kooperation zwischen den Staaten, basierend auf den Ergebnissen der vorangegangenen Abschnitte, statusunabhängig in einem solchen System möglich wurde, ist das Thema des Abschnitts 7. Dabei werden zentrale Parameter festgestellt, die im Sinne der evolutionären Spieltheorie sowohl für die Entstehung und Ausbreitung als auch für die Stabilität der internationalen Kooperation von entscheidender Bedeutung sind.

Allerdings ist diese Dynamik nicht isoliert von der politischen Realität zu betrachten. Wie die Geschichte des internationalen Handels belegt, sind kurzfristige Protektionsmaßnahmen immer präsent und können zum Marktversagen führen. Abschnitt 8 präsentiert zwei Sichtweisen, wie eine internationale Organisation das „anarchische" Umfeld internationaler Wirtschaftsbeziehungen beeinflussen kann, um den evolutionären Kooperationsprozess langfristig zu sichern. Abschnitte 9 und 10 befassen sich mit der Struktur, den Normen und Prinzipien, auf denen GATT/WTO aufbaut sowie mit den Ursachen der asymmetrischen Effekte, die im Laufe des Bestehens des Handelssystems entstanden sind. Die empirische Evaluierung dieser Diskrepanzen sowie die Rolle der WTO in ihrer Korrektur sind das Thema des Abschnitts 11, wobei einige Vorschläge für die zukünftige Rolle der WTO kurz diskutiert werden. Der letzte Abschnitt präsentiert die Rolle des Streitschlichtungsverfahrens in der Handelsliberalisierung. Die Arbeit schließt mit einer Betrachtung der untersuchten Evidenzen und macht mögliche Reformvorschläge für die Zukunft des multilateralen Handelssystems.

2 Die Notwendigkeit eines multilateralen Handelsabkommens

In diesem Kapitel wird der Versuch unternommen, die in der ökonomischen Literatur verbreiteten Erklärungen für die Notwendigkeit eines multilateralen Handelssystems vorzustellen, analytisch herzuleiten und die Ergebnisse für die weiteren Untersuchungen im Rahmen dieser Arbeit zusammenzufassen. Alle Theorien der Handelsabkommen sollen in der Lage sein, den Grund, warum Marktakteure von den internationalen Handelsverhandlungen profitieren, identifizieren und erklären zu können.[5] Sie sollen imstande sein, das „Problem“, das aus der Abwesenheit solcher Handelsbeziehungen entstünde, zu bestimmen und effektive Lösungen anzubieten.[6]

Die ökonomische Literatur befasst sich mit einigen Problemen, die ihren Grund in unkontrollierten internationalen Handelsbeziehungen haben.[7] Eine Möglichkeit der Problementstehung besteht in der Existenz externer Effekte, die aufgrund handelspolitischer Entscheidungen der Regierung eines Landes entstehen können, die die Wohlfahrt eines anderen Landes negativ beeinflussen. Diese Sichtweise ist bekannt als sog. Marktzugangs- bzw. Terms-of-Trade-Theorie.[8] Nach diesem Ansatz setzt die Regierung eines großen Staates Importzölle, um nationale Wohlfahrt zu maximieren, gleichwohl erkennend, dass ein Teil der Zollinzidenz auf ausländische Exporteure abgewälzt wird, deren Produkte zum niedrigeren Marktpreis angeboten werden müssen.[9] Die Möglichkeit der Terms-of-Trade-Manipulation verleitet Regierungen dazu, unilateral höhere und somit ineffiziente Zollsätze festzulegen. Es gibt eine Reihe von Modifikationen des Terms-of-Trade-Ansatzes. Flam und Helpman (1987) sowie Helpman und Krugman (1989) z. B. erweitern die Terms-of-Trade-Theorie um den Fakt der Existenz von monopolistischen Strukturen, was bei unilateral gesetzten Zöllen ebenfalls zu Marktineffizienzen führen kann. Ethiers (1998a, b) Argumentation zufolge können Skalenexternalitäten entstehen, wenn Produktionstechnologien international steigende Skalenerträge aufweisen. In diesem Fall kann der

---

[5] Vgl. Bagwell, K; Staiger, R.W. (1999): An Economic Theory of GATT, in: The American Economic Review, Vol. 89, No. 1, S. 215.

[6] Vgl. Bagwell, K; Staiger, R.W. (2009): The WTO: Theory and Practice, in: NBER Working Paper No. 15445, S. 2.

[7] Vgl. Bown, C.P. (2009): Self-Enforcing Trade: Developing Countries and WTO Dispute Settlement, Washington, S.18,

[8] Vgl. Bagwell, K; Staiger, R.W. (2002): The Economics of The World Trading System, Cambridge: MIT Press, S. 2; Bown, C.P. (2009), S. 18.

[9] Vgl. Bagwell, K; Staiger, R.W. (2002), S. 3.

Nutzen eines Handelsabkommens für eine Regierung durch das Handelsvolumen zwischen anderen Staaten beeinflusst werden.[10]

Ein anderes Problem, das ein Handelsabkommen zu lösen vermag, entsteht, wenn eine Regierung nicht in der Lage ist, sich von dem geschützten Sektor zu distanzieren.[11] Die potenzielle Rolle eines multilateralen Handelsabkommens wie GATT/WTO soll dabei einer Regierung helfen, dem Druck der politischen Interessengruppen zu entkommen und das Zeitinkonsistenzproblem zu lösen. Dieser Ansatz ist in der Literatur als Commitment Approach bekannt und wurde von Maggi und Rodriguez-Clare (1998) sowie Tabellini (1987) und Tornell (1991) formal dargestellt.[12]

2.1 Terms-of-Trade-Theorie und das Gleichgewichtsmodell

Erkenntnisse aus der Spieltheorie, insb. aus den nicht-kooperativen Spielen, finden breite Anwendung in der internationalen Handelspolitik. Ein Spieler kann im Gefangenendilemma-Setting seinen individuellen Nutzen maximieren, wenn er den anderen Spieler „ausbeutet". Im handelspolitischen Jargon ist ein autarkes Vorgehen als „Beggar-thy-Neighbour-policy" bekannt und führt dazu, dass ein Teil des erreichten Nutzens auf Kosten eines anderen Staates erfolgt.[13] Während ein soziales Optimum darin besteht, eine Freihandelspolitik zu betreiben, hat jeder Staat den Anreiz, einen positiven Zoll zu setzen. Dieser Anreiz besteht, solange der Nutzen der defektierenden Partei aus der Verschiebung des Terms-of-Trade-Gleichgewichts erhöht werden kann. Der Opponent erwartet seinerseits solches Vorgehen und wird dementsprechend den eigenen Importzoll reziprok erhöhen. Schlussendlich werden beide Länder schlechter dastehen als unter dem Freihandel. Ein Handelsabkommen ist daher notwendig, um ein effizientes Ergebnis herbeizuführen.[14]

In „The Economics of World Trading System" bieten Bagwell und Staiger ein Modell an, bekannt als *The Traditional Economic Approach*, das unabhängig von polit-ökonomischen Mecha-

---

[10] Vgl. Ethier, W. (1998a): Regionalism in a multilateral world, in: Journal of Political Economy, Vol. 106, S.1215; Ethier, W. (1998b): The new regionalism, in: Economic Journal, Vol. 108,
S. 1150.

[11] Vgl. Maggi, G.; Rodriguez-Clare, A. (1998): The value of trade agreements in the presence of political pressures, in: Journal of Political Economy, Vol. 106, S. 574.

[12] Vgl. Bown, C.P. (2009), S. 20.

[13] Vgl. Bagwell, K; Staiger, R.W. (2009): S.3; Bagwell, K; Staiger, R.W. (2002), S. 13.

[14] Vgl. Johnson, H.G. (1953): Optimum Tariffs and Retaliation, in: The Review of Economic Studies, Vol. 21, No. 2, S. 142–143; Ziegler, N. (2009): The Political Economy of International Trade Negotiations, Marburg, S. 89.

nismen in der Lage ist, die Effekte der Externalitäten, resultierend aus dem sog. Terms-of-Trade-driven Prisoners' Dilemma, zu beschreiben.[15] In einem 2x2 Gleichgewichtsmodell, unter vollkommener Konkurrenz, handeln zwei Länder die Güter *x* und *y*, wobei *x* das Gut ist, das üblicherweise importiert wird. Der lokale relative Preis, dem sich inländische Anbieter und Nachfrager gegenübersehen, ist $p \equiv p_x/p_y$ bzw. $p^* \equiv p_x^*/p_y^*$ für das Ausland. Die In- und Auslandswertzollsätze sind entsprechend *t* und t^* und nicht prohibitiv, sodass $\tau \equiv (1 + t)\ und\ \tau^* \equiv (1 + t^*)$ gelten. Daraus folgt: $p = \tau p^w \equiv p(\tau, p^w)\ und\ p^* = \frac{p^w}{\tau^*} \equiv p^*(\tau^*, p^w)$ mit den Terms-of-Trade für Ausland p^w und Inland $1/p^w$. Importzoll (bzw. Exportsubvention) ist somit $\tau > 1\ und\ (\tau < 1)$ und genauso für τ^*.[16]

In jedem Land ist das Produktionsniveau der Güter *x* und *y* vom lokalen relativen Preis abhängig. Die Produktionsfunktionen sind als $Q_i(p)\ und\ Q_i(p^*)$ mit *i=x,y* definiert. Es wird auf dem höchsten Niveau der Produktionsmöglichkeitskurve im Punkt des Gleichheitsverhältnisses zwischen der Grenzrate der Transformation und dem loklen relativen Preis produziert. $D_i und\ D_i^*$ sind der entsprechende Konsum, der durch den relativen lokalen Preis bestimmt wird. R und R^* sind die Zolleinnahmen, gemessen in der Einheit der Exportgüterlokalpreise. Daraus folgt: $D_i = D_i(p, R(p, p^w))\ und\ D_i^* = D_i^*(p^*, R^*(p^*, p^w))$.[17]

Für die Darstellung des Handelsgleichgewichts zwischen zwei Ländern werden an dieser Stelle die Export- und Importgleichungen eingeführt. Für das Inland erfolgt das Beschreiben der Importe von *x* der Form $M(p, p^w) \equiv C_x(p, p^w) - Q_x(p)$ und der Exporte von *y*: $E(p, p^w) \equiv Q_y(p) - C_y(p, p^w)$, wobei $C_x\ und\ C_y$ der nationale Konsum in jedem Land ist. Bei dem gegebenen beliebigen Weltpreis implizieren die In- und Auslandsbudgetrestriktionen einen ausgeglichenen Handel.

$$p^w M(p(\tau, p^w), p^w) = E(p(\tau, p^w), p^w) \qquad (2.1)$$

$$M^*(p^*(\tau^*, p^w), p^w) = p^w E^*(p^*(\tau^*, p^w), p^w) \qquad (2.2)$$

---

[15] Vgl. Ziegler, N. (2009), S. 89.
[16] Vgl. Bagwell, K; Staiger, R.W. (2002), S. 14.
[17] Vgl. ebd., S. 15.

Der Weltgleichgewichtspreis $\tilde{p}^w(\tau, \tau^*)$ kann mittels der Markträumungsbedingung für das Gut *y* bestimmt werden:

$$E = (p(\tau, \tilde{p}^w), \tilde{p}^w) = M^*(p^*(\tau^*, \tilde{p}^w), \tilde{p}^w) \qquad (2.3)$$

Die Markträumungsbedingung für Gut *x* ist somit durch die Gleichungen (2.1), (2.2) und (2.3) sichergestellt. Der Weltgleichgewichtspreis ist, gegeben beliebige Zollsätze τ^* und τ, mithilfe der Gleichung (2.3) determiniert. Folglich beeinflussen der Weltpreis und die gewählten Zollsätze lokale Preise, Produktionsniveau, Konsum, Import, Export sowie Zolleinnahmen.[18]

2.2 Terms-of-Trade-Theorie und die Politökonomie

Nun folgt die Frage, welchen Anreiz eine Regierung hat, das Terms-of-Trade-Gleichgewicht zu manipulieren. Eines der Ziele einer Regierung im neoklassischen Sinn besteht darin, die nationale Wohlfahrt zu maximieren. Die Wohlfahrtsfunktionen für das In- und Ausland lassen sich dann als Funktionen des lokalen und des Weltpreises darstellen:

$$W(p, \tilde{p}^w) \equiv w(p, I(p, \tilde{p}^w)) \qquad (2.4)$$

$$W^*(p^*, \tilde{p}^w) \equiv w^*(p^*, I^*(p, \tilde{p}^w)) \qquad (2.5)$$

Dabei sind w und w^* indirekte Nutzenfunktionen jeweiliger Regierungsvertreter im In- und Ausland. I bzw. I^* geben das nationale In- bzw. Auslandseinkommen wieder.[19] Es wird weiterhin eine Zunahme der Wohlfahrt beim fixen lokalen Relativpreis mit Terms-of-Trade angenommen:

$$W_{\tilde{p}^w}(p, \tilde{p}^w) = \frac{\partial W(p, \tilde{p}^w)}{\partial \tilde{p}^w} < 0 \qquad (2.6)$$

$$W^*_{\tilde{p}^w}(p^*, \tilde{p}^w) = \frac{\partial W^*(p^*, \tilde{p}^w)}{\partial \tilde{p}^w} > 0 \qquad (2.7)$$

---

[18] Vgl. ebd.
[19] Vgl. ebd., S. 16.

Den Inhalt der getroffenen Annahmen verdeutlicht auch Abbildung 1.[20] Das Zollpaar $A \equiv (\tau, \tau^*)$ kann der lokalen Iso-Lokalpreiskurve $p(A) \rightarrow p(A)$ und der Iso-Weltpreiskurve $p^w(A) \rightarrow p^w(A)$ zugeordnet werden. Die alternative Iso-Weltpreiskurve $p^w(C) \rightarrow p^w(C)$ impliziert einen niedrigeren Weltpreis als in Punkt A und gleichsam eine bessere Terms-of-Trade-Bedingung.[21] Die Bewegung von A nach B entspricht einem höheren Inlands- und niedrigeren Auslandszoll und geht mit der Reduktion des Weltpreises beim fix gehaltenen Inlandspreis einher. Diese Tatsache verursacht einen Einkommenstransfer vom Ausland ins Inland und hat jene Ineffizienzen zur Folge, die ein Handelsabkommen beseitigen kann. Die Abwesenheit von notwendigen Mechanismen, die ein Handelsabkommen mit sich bringt, führt dazu, dass die inländische Regierung bestrebt sein wird, den inländischen Importzollsatz τ über die Gleichgewichtsbedingung $\tau = \tau^* = 1$ anzuheben.[22]

In der Abwesenheit eines Handelsabkommens setzt jede Regierung ihre Zölle unilateral fest und wählt ein eigenes Zollniveau als Reaktionsfunktion auf das Zollniveau des Auslands. Aus dieser Situation heraus resultieren folgende Reaktionsfunktionen für das Inland (2.8) und das Ausland (2.9):

$$\frac{\partial W}{\partial p}\left[\frac{\partial p}{\partial \tau}\right] + \frac{\partial W}{\partial \tilde{p}^w}\left[\frac{\partial \tilde{p}^w}{\partial \tau}\right] = 0 \qquad (2.8)$$

$$\frac{\partial W^*}{\partial p^*}\left[\frac{\partial p^*}{\partial \tau^*}\right] + \frac{\partial W^*}{\partial \tilde{p}^w}\left[\frac{\partial \tilde{p}^w}{\partial \tau^*}\right] = 0 \qquad (2.9)$$

Setzt man $\frac{\partial \tilde{p}^w}{\partial \tau} / \frac{\partial p}{\partial \tau} = \lambda$ und $\frac{\partial \tilde{p}^w}{\partial \tau^*} / \frac{\partial p^*}{\partial \tau^*} = \lambda^*$ mit $\lambda^*, \lambda < 0$, was die Annahme bestärkt, dass die handelspolitischen Maßnahmen den lokalen relativen Preis stärker beeinflussen als den relativen Weltpreis, so können die Gleichungen (2.8) und (2.9) umgeschrieben werden:

$$\frac{\partial W}{\partial p} + \frac{\partial W}{\partial \tilde{p}^w}\lambda = 0 \qquad (2.10)$$

$$\frac{\partial W^*}{\partial p^*} + \frac{\partial W^*}{\partial \tilde{p}^w}\lambda^* = 0 \qquad (2.11)$$

---

[20] Abbildung 1.
[21] Vgl. Bagwell, K; Staiger, R.W. (2002), S. 20.
[22] Vgl. ebd., S. 17.

Die Beste-Antwort-Funktionen lassen sich mithilfe der Wohlfahrtseffekte bestimmen, die durch die Veränderung der relativen In- bzw. Auslandspreise, jeweils erster Term in (2.10) und (2.11) sowie des relativen Weltpreises entstehen. Das Kalkül eines großen Staates besteht darin, durch die Erhöhung eigener Zölle sowohl den lokalen als auch den Weltrelativpreis zu beeinflussen. Die daraus resultierende Änderung der Terms-of-Trade soll einen positiven Wohlfahrtseffekt herbeiführen.[23]

Aus den Beste-Antwort-Funktionen ergeben sich die Zollniveaus für jedes Land in Abhängigkeit vom Zoll des anderen Landes. Beginnend in Punkt *A* der Abbildung 1 wird der inländische Zollsatz τ auf τ^1 beim fixen Auslandszollsatz τ^* erhöht. Dies hat ein neues Gleichgewicht in Punkt *C* zur Folge. Durch die Erhöhung des Zollsatzes steigt der Inlandspreis, während der Weltpreis sinkt. Für ein besseres Verständnis kann die Bewegung von *A* nach *C* in zwei Schritte zerlegt werden. Im ersten Schritt induziert die unilaterale Erhöhung des Zollsatzes die Bewegung von *A* nach *B*. Diese Bewegung isoliert zunächst die Änderung des Weltpreises, sodass der Wohlfahrtseffekt für das Inland durch den Term $\lambda \frac{\partial W}{\partial \tilde{p}^w}$ der Gleichung (2.10) eingefangen wird. Im zweiten Schritt wird die Bewegung von *B* nach *C* betrachtet. Dieser Wechsel isoliert den induzierten Anstieg des lokalen Preises beim fix gehaltenen Weltpreis. Der Wohlfahrtseffekt wird durch den Term $\frac{\partial W}{\partial p}$ der Gleichung (2.10) repräsentiert. Der Wohlfahrtseffekt aus der Änderung der lokalen Preisbewegung von *B* nach *C* spiegelt den Trade off zwischen den Kosten der Verzerrung der inländischen Produktion und Konsumption und dem politischen Vorteil wider. Der Wohlfahrtseffekt aus der Änderung der Weltpreisbewegung von *A* nach *B* reflektiert die Abwälzung der Kosten auf das Ausland, die aus der inländischen Zollpolitik resultieren. Mit anderen Worten, wenn eine Regierung die Importzölle zum Zweck der Verbesserung der Terms-of-Trade erhöht, wälzt sie automatisch einen Teil der Kosten auf den ausländischen Handelspartner ab, der seine Güter zum niedrigeren Weltpreis absetzen muss.[24] Punkt *C* muss nicht unbedingt die einzige gleichgewichtige Zollkombination sein, da das Ausland den Anreiz hat, seinen Zollsatz τ^* ebenfalls zu ändern.[25]

Im Nash-Gleichgewicht sind die Gleichungen (2.10) und (2.11) erfüllt. In der Abbildung 2 wird dieses Gleichgewicht durch den Punkt *N* dargestellt, der gleichzeitig jeweils eine wohlfahrtsma-

---

[23] Vgl. Ziegler, N. (2009), S. 91.
[24] Vgl. Bagwell, K; Staiger, R.W. (2002), S. 22.
[25] Vgl. Bagwell, K; Staiger, R.W. (2009), S. 7.

ximierende Reaktion einer jeweiligen Regierung wiedergibt.[26] Dieser Punkt ist allerdings nicht pareto-optimal. Der effiziente Bereich – rot markierte Stelle, die sog. *Efficiency locus curve*, die alle pareto-optimale Zollkombinationen abbildet – ist bei unilateraler Zollsetzung nicht erreichbar. Die Terms-of-Trade-Externalität ist einer der Gründe, der für die Ineffizienz des Nash-Gleichgewichts verantwortlich ist.[27] Zusätzliche polit-ökonomische Motive, wie z. B. der Schutz des Exportsektors, verlagern die Effizienzkurve von dem Freihandelsgleichgewicht weg.[28] Grossman und Helpman haben die polit-ökonomische Sichtweise auf die Handelsabkommen um einige Überlegungen ergänzt, dergestalt, dass wohlfahrtsmaximierende Regierungen in ihren politischen Entscheidungen dem Druck multisektoral organisierter Interessengruppen ausgesetzt sind.[29] Auch in einem solchen Szenario entstehen Terms-of-Trade-Externalitäten, die das Gefangenen-Dilemma verursachen.[30]

2.3 Handelsabkommen als politisches Bindungsinstrument

Das vorangegangene Kapitel enthält eine mögliche Perspektive, warum unkoordinierte Handelsbeziehungen zu ineffizienten Situationen führen können. Der sog. Commitmentansatz bietet einen etwas anderen Blickwinkel auf die Problematik des internationalen Handels. Im Mittelpunkt der von Maggi und Rodriguez-Clare vorgestellten Theorie steht das Argument, dass das Handelsabkommen einer Regierung Unterstützung bietet, sich von den inländischen Lobbygruppen zu distanzieren, um eine glaubwürdige Freihandelsverpflichtung eingehen zu können.[31]

An dieser Stelle wird ein Modell präsentiert, das zeigen soll, warum es für ein kleines Land, das nicht imstande ist, die Terms-of-Trade zu beeinflussen, trotzdem vorteilhaft sein kann, sich dem Freihandel glaubwürdig zu verpflichten und somit Nutzen aus der Teilnahme an einem Handelsabkommen zu ziehen. Ein kleines Land besteht aus zwei Sektoren, dem politisch organisierten industriellen Sektor *(M)* und dem nichtorganisierten Sektor *(N)*, wobei *N* ein beliebiges Gut herstellt, dessen Preis auf 1 normiert ist. Beide Sektoren beanspruchen Kapital und Land als Produktionsfaktoren. Der Faktor Land ist gleich über die Bevölkerung verteilt, wobei die Bevölkerung ebenfalls auf 1 normiert ist. Beide Sektoren verfügen über *K,* wobei die Anteile

[26] Abbildung 2.
[27] Vgl. Bagwell, K; Staiger, R.W. (2002), S. 27.
[28] Abbildung 2.
[29] Vgl. Grossman, G.M.; Helpman, E. (1995): Trade Wars and Trade Talks, in: Journal of Political Economy, Vol.103, No.4, pp. 675–708.
[30] Vgl. Bagwell, K; Staiger, R.W. (2002), S. 27.
[31] Vgl. Maggi, G.; Rodriguez-Clare, A. (1998), S. 574.

K_N *und* K_M jeweils den Sektoren *N und M* zuzurechnen sind. Der internationale Preis für ein industrielles und numeraires Gut wird mit p^* bezeichnet. Laut einer Annahme ist eine politisch motivierte Regierung in der Lage, den inländischen relativen Preis p für *M* durch Handelsschranken zu beeinflussen, sodass $p^* < p$ gilt. Für die Produktion einer Einheit industriellen Gutes wird nur das Kapital benötigt, für die Herstellung eines numerairen Gutes sind sowohl Kapital als auch Land *T* erforderlich. Es gelten folgende Produktionsfunktionen: $Q_M = K_M$ und $Q_N = F(K_N, T)$.[32] Setzt man $x \equiv K_M$, so kann die Grenzproduktivität des Kapitals im Sektor *N* als $\pi_N(x) \equiv F_K(K - x, T)$ beschrieben werden, wobei F_i die partielle Ableitung von *F* in Bezug auf *i* bezeichnet. Gemäß der Annahme beschreibt der Ausdruck $\pi_N(x)$ auf der einen Seite die Kapitalrendite im Sektor *N* und ist der Preis für das numeraire Gut *N*. Auf der anderen Seite ist die Kapitalrendite im Sektor *M* einfach durch *p* vorgegeben. $z(x) \equiv F_T(K - x, 1)$ beschreibt die Landesrendite.[33]

Gegeben die Konsumentenpräferenzen $q_N + u(q_M)$, mit q_i als Konsum von *i=N,M,* wird zusätzlich $u(q_M) = vq_M - (\frac{q_M^2}{2})$ angenommen. Mit diesen Konsumentenpräferenzen, implizit als $u'(d(p)) = p$ definiert, ist die Nachfrage nach dem Gut *M* durch $d(p) = v - p$ gegeben. Der indirekte Nutzen für den Marktteilnehmer ist $y + s(p)$ mit *y* als Einkommen und $s(p) = u(d(p)) - pd(p)$. Die soziale Wohlfahrtsfunktion wird wie folgt definiert:

$$w(p, x) = z(x)T + \pi_N(x)(K - x) + px + r(p, x) + s(p) \qquad (2.12)$$

mit $r(p, x)$ als positives bzw. negatives Einkommen der Protektion.[34]

Wie anfangs angenommen, sind die Kapitaleigner des Sektors *M* politisch organisiert und können eine Lobby zum Schutz eigener Interessen bilden. Um die Regierung für den gewährten Schutz zu kompensieren, wird eine Schutzrente pro Kapitaleinheit in Höhe von *c* entrichtet, sodass ein Gesamtbeitrag *cx* entrichtet wird.[35] Die Nutzenfunktion der Regierung setzt sich daher aus der durchschnittlichen Gesamtwohlfahrt und den Einnahmen der Lobby zusammen:

$$\Omega = w(p, x) + acx \qquad (2.13)$$

---

[32] Vgl. ebd., S. 578.
[33] Vgl. ebd., S. 579.
[34] Vgl. ebd.
[35] Vgl. ebd., S. 580.

Ist *a=0*, wird die Regierung die Preise so setzen, um die maximale Gesamtwohlfahrt zu erreichen, und daher den freien Handel wählen. Falls *a* positiv ist, wird die Regierung von dem Liberalisierungskurs abweichen, da sie einen angemessenen Ausgleich von der Lobby bekommt. In diesem Modell spielt beim Verhandlungsprozess die Verhandlungsmacht der Regierung σ und der Lobbygruppe $1-\sigma$ eine zentrale Rolle. Berücksichtigt man den Parameter σ bei der Modellierung der gleichgewichtigen Kapitalallokation, vollzieht sich laut Maggi und Rodriguez-Clare unter der Existenz einer starken Industrielobby eine Kapitalallokationsverzerrung hin zum *M*-Sektor.[36]

Das vorgestellte Modell erfolgt in Form eines Nash-Verhandlungsspiels. Im Zeitpunkt $t_0$wählen Kapitalhalter ihren Investitionssektor aus. Da jeder Investor relativ „klein" ist, verhält er sich nicht strategisch. Nachdem die Investitionsentscheidungen getroffen wurden, starten im Zeitpunkt t_1Verhandlungen zwischen Lobbygruppen und der Regierung. Der Ausgang der Verhandlungen soll folgende Bedingungen (i, ii) erfüllen:

i. Der Term $\tilde{p}(x)$ maximiert $w(p,x) + apx$. Der Ausdruck kann als gemeinsamer Überschuss der Regierung und der Lobby interpretiert werden, wobei:

$$\tilde{p}(x) = p^{*} + ax \qquad (2.14).$$

$\tilde{p}(x)$ kann in diesem Kontext als kurzfristiges Preisgleichgewicht angesehen werden. Ist *a=0*, ist der gemeinsame Überschuss gleich der Wohlfahrt, die unter p^{*} maximal ist.

ii. Der Term $\tilde{c}(x)$ ist das gewichtete Mittel des Wohlfahrtsverlustes von der Protektion und der Bereitschaft der Lobby, dafür zu zahlen:

$$\tilde{c}(x) = (1-\sigma)\left[\frac{w(p^{*},x)-w(\tilde{p}(x),x)}{ax}\right] + \sigma(\tilde{p}(x) - p^{*}) \qquad (2.15)$$

[36] Vgl. ebd., S. 581.

Ist $\sigma = 0$, reichen die Lobbybeiträge gerade einmal aus, um den Nutzenverlust der Regierung aus der Wohlfahrtsverzerrung zu kompensieren. Ist $\sigma = 1$, schöpft die Regierung die Überschüsse ab, die die Kapitaleigner aus der Protektion ziehen können.[37]

Um die Gleichgewichtsbedingung bestimmen zu können, wird $p^0(x)$ als ein Preis eingeführt, bei dem die Kapitalerträge quer durch die Sektoren gleich sind. Dieser Preis löst die Gleichung:

$$\pi_N(x) = p - \tilde{c}(x) \qquad (2.16).$$

Werden (2.14) in (2.15) und das Resultat in (2.16) eingesetzt, kommt folgender Ausdruck zustande: $p^0(x) = \pi_N(x) + (\frac{1+\sigma}{2})ax$.[38] Ist $p > p^0(x)$, sind die Kapitalerträge im Industriesektor größer als im anderen Sektor. Abbildung 3 illustriert die Wirkung der kurzfristigen Protektion auf die Kapitalallokation in den Sektoren.[39] Die ökonomische Intuition ist wie folgt: gegeben $x{=}x^*$, ist die Kapitalrentabilität bei Abwesenheit der Protektion zwischen den Sektoren gleich. Sobald der Industriesektor marginale Protektion erfährt, kann die Lobby aus den generierten Überrenditen den Verlust der Regierung kompensieren. Der Kapitalertrag im Industriesektor steigt, wodurch der Investor sein Kapital in den vorteilhaften *M*-Sektor vom weniger vorteilhaften *N*-Sektor verlagert. Folglich wird der Industriesektor größer und ineffizienter als unter einem freien Handel.[40]

Die Entscheidung über die Marktöffnung, die eine Regierung in diesem Kontext trifft, ist von der Verhandlungsmacht und der Höhe der Protektionszahlungen der Lobby abhängig. Es sind mannigfaltige denkbare Konstellationsmöglichkeiten des Spiels zwischen den beiden Kontrahenten vorstellbar, die zeigen, dass der staatliche Akteur sich in einem Trade-Off-Dilemma zwischen der Protektionsgewährung und der Verpflichtung zu der Freihandelsidee befindet. Die Marktöffnung hat immer dann einen Vorteil, wenn die Verzerrung durch die Ressourcenallokation durch die von der Lobby generierten Überschüsse nicht auszugleichen ist. Zwar erscheinen die Kompensationszahlungen in kurzer Frist einträglich, führen aber langfristig zu ineffizienter Ressourcenallokation und Wettbewerbseinbußen des geschützten Sektors, sodass das Freihandelsab-

---

[37] Vgl.ebd., S. 582.
[38] Vgl.ebd., S. 582–583.
[39] Abbildung 3.
[40] Vgl. Maggi, G.; Rodriguez-Clare, A. (1998), S. 583.

kommen immer vorteilhafter ist.[41] Das heutzutage vorhandene System multilateraler Handelsabkommen sollte daher nach dieser Intuition in seiner institutionellen und rechtlichen Form mit den festgeschriebenen Regeln in der Lage sein, den zu den heimischen Interessengruppen Distanz suchenden Regierungen die notwendige Glaubwürdigkeit und Verhandlungsmacht zu vermitteln.[42]

[41] Vgl. ebd., S. 586.
[42] Vgl. ebd., S. 600.

3 Empirische Evidenz der Theorien

Beide in den vorangegangenen Kapiteln vorgestellten Theorien zeigen, warum ein internationales Abkommen bzw. eine Reihe von Handelsabkommen in internationalen Handelsbeziehungen notwendig erscheint. Die Existenz der Welthandelsorganisation ist, ausgehend von den Theorien, eine logische Schlussfolgerung. Eine empirisch-quantitative Überprüfung der Erklärungsansätze des multilateralen Handelssystems erscheint recht schwierig. Zwar versuchen Staiger und Tabellini 1999 die handelspolitischen Entscheidungen der US-Regierung während der Tokyo-Runde im Sinne der Commitmenttheorie zu überprüfen. Die Ergebnisse erscheinen aber recht durchwachsen.[43] Sie untersuchen, ob die Bindungsfunktion des GATT trotz der Ausweichklauseln für die an den Verhandlungen teilnehmenden Regierungen ihre Wirkung entfalten kann. Die US-Regierung machte selten von der Ausweichklausel in jenen Sektoren Gebrauch, in denen hohe Zollsätze Produktionsentscheidungen signifikant zu verzerren drohten. Laut Aussage der Commitmenttheorie sind die Regierungen auf der einen Seite in der Lage, glaubwürdige handelspolitische Versprechungen zu machen, wenn die GATT Regeln gelten.[44] Auf der anderen Seite konnte keine inverse Beziehung zwischen der Protektion, resultierend aus der Ausweichklausel und den beobachtbaren Produktionsverzerrungen, nachgewiesen werden.[45]

Eine empirische Erklärung darüber, ob das Verhandlungsverhalten der Länder ihren Wunsch reflektiert, dem ToT getriebenen Gefangenendilemma zu entkommen, haben Bagwell und Staiger vorgestellt. Sie gehen von den Implikationen der generalisierenden ToT-Theorie aus und behaupten, dass das Ausmaß der verhandelten Zollsenkung größer sein muss:

- je größer die Fähigkeit eines Landes ist, die Exportpreise eines anderen Landes bei unilateraler Zollsetzung zu beeinflussen;
- je größer das Importvolumen vor den Verhandlungen ist
- und je kleiner die von der Protektion verursachten inländischen Verzerrungen sind, wenn die Zölle steigen.[46]

---

[43] Vgl. Ziegler, N. (2009), S. 121.
[44] Vgl. Staiger, R.W.; Tabellini, G. (1999): Do GATT rules help governments make domestic commitments?, in: Economics and Politics, Vol.11, No. 2, S. 140.
[45] Vgl. ebd.
[46] Vgl. Bagwell, K; Staiger, R.W. (2009): What Do Trade Negotiators negotiate about? Empirical Evidence from the World Trade Organization, S. 1.

Laut Bagwell und Staiger hat sich bei der linearen Nachfrage- und Angebotsfunktion das Ausmaß der verhandelten Zollsenkung proportional mit dem Wachstum des Verhältnisses der Vorverhandlungsimportvolumina zum Weltpreis entwickelt.[47] Zwar erscheinen die nachgewiesenen Zusammenhänge robust und überzeugend, trotzdem bleibt die entscheidende Frage immer noch offen, ob sie auf die Erkenntnisse der ToT-Theorie zurückzuführen sind.[48]

Obwohl der wahre Grund für die Notwendigkeit einer multilateralen Handelsorganisation schwierig nachzuweisen ist, zeugt die Realität eindeutig von einer spürbaren Anziehungskraft des GATT-/WTO-Systems. Seit dem Inkrafttreten des GATT 1947 und nach Gründung der WTO 1995 gehören der Welthandelsorganisation nach dem Stand vom 10. Februar 2011 insgesamt 153 Länder an.[49] Die Popularität der WTO als eine internationale Organisation mit Rechtspersönlichkeit scheint aus theoretischer Perspektive berechtigt zu sein. Die vorhandenen Regeln und Prinzipien des GATT-/WTO-Systems wie Reziprozität, Nicht-Diskriminierung und Meistbegünstigungsprinzip sollen den handelnden Parteien helfen, dem ToT-driven Prisoner's Dilemma zu entkommen und auf das effiziente Gleichgewicht zu navigieren.[50] Auch die Handelszahlen sprechen eine eindeutige Sprache. Seit ca. 50 Jahren wird ein Wachstum des Welthandels beobachtet. Die Exporte der handelbaren Waren sind jährlich im Durchschnitt um 6 % gestiegen. Der Handel insgesamt lag 2000 um das Zweiundzwanzigfache des Handelsniveaus von 1950. Das GATT und die WTO halfen, ein starkes und erfolgreiches Handelssystem zu schaffen und trugen zum beispiellosen Wachstum bei.[51] Die Erfolge der weltweiten Handelsliberalisierung scheinen ein unverkennbares Faktum auch unter vielen Wirtschaftswissenschaftlern zu sein.

„The central role played by GATT in shaping post-war trade policy is widely accepted."[52]

"The GATT scraped along at times, but had a distinct, downward ratchet effect on world trade barriers. For this reason, in spite of its small size and uncertain place as an economic institution, the GATT's long-run impact on the

[47] Vgl. ebd., S. 28.
[48] Vgl. Ziegler, N. (2009), S. 122.
[49] Vgl. Grabenwarter, C.; Griller, S.; Holubek, M. (2008): Europäisches und öffentliches Wirtschaftsrecht II, 5. Auflage, Wien, S. 133.
[50] Vgl. Bagwell, K; Staiger, R.W. (2002), S. 55.
[51] Vgl. http://www.wto.org/english/thewto_e/whatis_e/inbrief_e/inbr01_e.htm, abgerufen am 30.07.2012.
[52] Bagwell, K.; Staiger, R.W. (1999), No. 1, S. 1.

world economy has (arguably) been more significant than either that of the World Bank or the International Monetary Fund."[53]

"[...] the growth and liberalization of the international trading system has been the most prominent success of the postwar period ... the great liberalization of tariffs and trade in the post-war period was achieved under the auspices of the GATT [...]"[54]

---

[53] Douglas, A. I. (1995): The GATT in Historical Perspective, in: The American Economic Review, Vol. 85, No. 2, S. 326–327.

[54] Krueger, A.O. (2000): The WTO as an International Organization, Chicago, S. 2–3.

4 Effekte der WTO-Mitgliedschaft auf den Handel

Die allgemeine Meinung unter den Wirtschaftswissenschaftlern in Bezug auf die Vorzüge des liberalen Handels spricht eine eindeutige Sprache. Auch die relevanten ökonomischen Daten scheinen unisono eine eindeutige Botschaft zu vermitteln, der weltweite Handel, verglichen mit der Vorkriegszeit, sei intensiver, offener und heterogener geworden. Von besonderem Interesse ist aber, welche Rolle dabei das internationale Handelssystem gespielt hat.

Rose hat eine ökonometrische Studie durchgeführt, der das Ziel zugrunde lag, den Effekt der Welthandelsorganisation auf den internationalen Handel zu messen. Die Handelsmuster der Länder, die der WTO angehören oder beitreten, unterscheiden sich nach seiner Feststellung nicht von den Handelsmustern der Nichtmitglieder der Organisation.[55] Die Mitgliedschaft im GATT-/WTO-System habe bei gleichen Handelsmustern keine Auswirkung auf die Intensivierung der Handelsbeziehungen.[56] Diese und andere Erkenntnisse hat Rose aus den Ergebnissen des sog. Gravity-Modells gewonnen.

4.1 Interpretation der Ergebnisse des Gravitationsmodells von Rose

Das Gravity-Modell gehört zu einem der wichtigsten Instrumente der internationalen Wirtschaft zur Erklärung und Messung der Handelsflüsse. In seiner einfachsten Form sagt das Modell aus, dass der Export zwischen zwei beliebigen Ländern (z. B. i und j) gleich dem multiplikativen Verhältnis der ökonomischen Größen beider Länder, gemessen am BIP und ihren bilateralen Handelskosten, ist.[57]

$$Export_{ij} = \frac{GDP_i * GDP_j}{Trade\ Costs_{ij}} \qquad (4.1)$$

Diese Idee geht auf die Pionierarbeiten von Tinberger (1962) und Pöyhönen (1963) zurück. Der Name kommt von dem in der Naturwissenschaft verwendeten Modell von Isaac Newton zur

---

[55] Vgl. Rose, A. (2004): Do We Really Know that the WTO Increases Trade?, in: NBER Working paper No. 9273, S. 1.
[56] Vgl. ebd.
[57] Vgl. Rudolph, S. (2011): The Gravity Equation and the Interdependency of Trading Costs and International Trade, Doctoral Dissertation, on: http://nbn-resolving.de/urn:nbn:de:bsz:14-qucosa-64322, S. 2, abgerufen am 30.07.2012

Messung der Kraft zwischen zwei Körpern.[58] Das unter (4.1) vorgestellte allgemeine Modell lässt sich nach Log-Linearisierung und Parametrisierung schätzen. Bilaterale Exportdaten und BIP sind fast immer zugänglich. Handelskosten lassen sich nicht direkt bestimmen, sie werden häufig durch geografische Entfernung und eine Reihe weiterer Variablen wie z. B. Zugang zur See, gemeinsame Sprache, Mitgliedschaft in einer Gruppe von Ländern etc. kodiert. Variablen, die für die Bestimmung von Handelskosten verwendet werden, lassen sich in der Regel in geografische und politische Kategorien einteilen. Die geografischen Variablen können von den Politikern kaum beeinflusst werden und werden daher als exogen angenommen. Politiker sind in der Lage, die Handelskosten durch politische Variablen wie z. B. Zollsätze, Mitgliedschaft in einer Währungsunion, einer FTA oder anderen Verbunden von Ländern zu beeinflussen.[59]

Es ist daher besonders interessant zu sehen, welche Effekte bestimmte, als politisch kodierte Variablen auf die zu erklärende Variable haben können. So stellte Rose in seiner Studie die Frage, inwiefern die Mitgliedschaft in der WTO, als politische Variable, den Handel, als die zu erklärende Variable, fördert. Für die Bestimmung dieser Effekte verwendet Rose das Standardgravitationsmodell, das den realen bilateralen Handel durch die geografische Entfernung, das gemeinsame Einkommen, gemessen in BIP, und eine Reihe weiterer Variablen zu quantifizieren versucht.[60] Er isoliert „natürliche“ Handelsbeziehungen zwischen zwei Ländern, um nach Effekten aus den multilateralen Beziehungen in den Residuen zu suchen. Das zu schätzende Modell hat folgende funktionale Form:

$$\ln(X_{ijt}) = \beta_0 + \beta_1 \ln D_{ij} + \beta_2 \ln(Y_iY_j)_t + \beta_3 \ln(Y_iY_j/Pop_iPop_j)_t + \beta_4 Lang_{ij} + \beta_5 Cont_{ij} + \beta_6 Landl_{ij} + \beta_7 Island_{ij} + \beta_8 \ln(Area_iArea_j) + \beta_9 ComCol_{ij} + \beta_{10} CurCol_{ijt} + \beta_{11} Colony_{ij} + \beta_{12} ComNat_{ij} + \beta_{13} CU_{ijt} + \beta_{14} FTA_{ijt}, + \Sigma_t \phi_t T_t + \gamma_1 Bothin_{ijt} + \gamma_2 Onein_{ijt} + \gamma_3 GSP_{ijt} + \varepsilon_{ijt}.$$ [61]

Besondere Bedeutung wird in diesem Modell den Parametern γ_1, γ_2 und γ_3 beigemessen. Der erste Koeffizient misst den Handelseffekt der GATT-/WTO-Mitgliedschaft, wenn beide Länder GATT-/WTO-Mitglieder sind. Der zweite Koeffizient misst den Handelseffekt, wenn nur ein Land GATT-/WTO-Mitglied ist. Bei γ_3 handelt es sich um den Koeffizienten, der für die Wir-

[58] The attraction force is proportional to the product of the two masses and inversely proportional to the square of the distance between them:

$$\text{Attraction Force}_{ij} = \frac{\text{Mass}_i * \text{Mass}_j}{\text{Distance}_{ij}^2}.$$

[59] Vgl. Rudolph, S. (2011), S. 4.

[60] Vgl. Rose, A. (2004), S. 4.

[61] Vgl. ebd., S. 5.

kung des GSP auf den Handel bestimmend ist.[62] In seinem Modell vergleicht Rose zwei Zustände, vor und nach dem Beitritt, zum Handelssystem. Er überprüft die Hypothese, wenn die GATT-/WTO-Mitgliedschaft c. p. einen Effekt auf den Handel hat, so soll der Handelsfluss sich vor der Mitgliedschaft und danach unterscheiden.[63] Nach den Ergebnissen der empirischen Tests hat die Mitgliedschaft keinen Einfluss auf die Handelsintensität; außerdem unterscheidet sich der Handel der Nichtmitglieder nicht von dem zwischen Mitgliedern des Systems. Mit anderen Worten, Rose sagt, die Systemmitgliedschaft habe den Handel nicht vorangetrieben und keine Auswirkung auf die über Jahrzehnte stattgefundene Handelsliberalisierung gehabt.[64] Der Wissenschaftler überprüft die in der Literatur getroffenen Annahmen des Modells und stellt ein gutes Funktionieren fest. Die geografische Entfernung zwischen den Ländern äußert sich in verminderter Handelsintensität; große und wohlhabende Länder handeln mehr.[65] Auch die Annahme, das GSP-System übe einen positiven Effekt auf den Handel aus, konnte bestätigt werden. Dies soll wiederum als Beweis dafür dienen, dass sein Modell korrekt geschätzt wurde.[66]

Es gelingt Rose trotzdem, einige positive Effekte der Mitgliedschaft nachzuweisen. Er betrachtet die Effekte aus denen im Laufe der GATT-Geschichte stattgefundenen Verhandlungsrunden. Der Abschluss einer jeweiligen Verhandlungsrunde als natürlicher Wendepunkt muss mit erkennbaren positiven Veränderungen in den Handelszahlen verbunden sein, ist die zu erwartende ökonomische Intuition dabei. Ein solches Verfahren liefert zwar signifikante Variationen in den geschätzten Koeffizienten über acht Verhandlungsrunden hinweg, ökonomisch starke Effekte können allerdings nur für die ersten zwei Runden nachgewiesen werden. Rose behauptet, die Handelseffekte der GATT-/WTO-Mitgliedschaft könnten nach Sektoren und Einkommen variieren.[67] Bei der Analyse der Handelsdaten der Industriestaaten ergibt sich die Erkenntnis, die Systemmitgliedschaft habe einen wichtigen Effekt in Bezug auf den Handel. Der bilaterale Handel zweier industrialisierter WTO-Mitglieder liegt ca. 60 % über dem der äquivalenten Nichtmitglieder.[68] Wenn man aber bedenkt, dass etwa zwei Drittel aller Mitglieder Entwicklungsländer sind oder den Status eines Entwicklungslandes haben, wirft dieses Ergebnis nicht

---

[62] Vgl. ebd.
[63] Vgl. ebd,, S. 9.
[64] Vgl. ebd.
[65] Vgl. ebd., S. 11.
[66] Vgl. ebd., S. 12.
[67] Vgl. ebd., S. 14.
[68] Vgl. ebd., S. 15.

unbedingt ein positives Licht auf die Erfolge der Organisation. Verschiedene Modifikationen der Regression führen schlussendlich zum gleichen Ergebnis.[69]

4.2 Kritik an Rose's Berechnungen

Rose's Resultate erscheinen überraschend kontrovers. Die Behauptung:

"[...] there is little reason to believe that the GATT/WTO has had a dramatic effect on trade"[70]

veranlasste viele andere Ökonomen, Rose's Messungen genauer zu untersuchen. Tomz, Rivers und Goldstein, im weiteren TRG, kritisieren Rose's Spezifizierung der GATT-Mitglieder. Das Hauptproblem dabei ist die Betrachtung einer ausschließlich formalen GATT-/WTO-Mitgliedschaft und die Vernachlässigung anderer Formen der Partizipation, z. B. jener Nationen, die an GATT-/WTO-Regeln gebunden waren und Privilegien durch das System erhielten.[71]

Die Wissenschaftler diagnostizieren, nicht nur ehemalige Kolonien seien in den Genuss formaler GATT-Regeln gekommen, sondern auch viele unabhängige Staaten, die durch einseitige Erweiterung der Meistbegünstigungsklausel den Status von Quasi-Mitgliedern beanspruchten. Sie haben zwar an den multilateralen Handelsverhandlungen teilgenommen, allerdings ohne Stimmrecht. Dieser Umstand spielte aber de facto keine Rolle, da die Verhandlungsentscheidungen durch den Konsens getroffen wurden.[72] Subsumierend sagen TRG, die Nichtmitglieder besaßen die GATT-/WTO-Grundrechte wie z. B. Marktzutritt unter MFN-Bedingungen und waren daher nicht als Nichtmitglieder aufzufassen. Die von TRG zugrunde gelegte Regression basiert auf dem im vorangegangenen Kapitel vorgestellten Gravitationsmodell. Die Autoren untersuchen die Wirkung des Handelssystems auf die Importe des Landes (i) vom Land (j) im Jahr (t).[73] Die Ergebnisse der Untersuchung zeigen, dass die formellen und informellen GATT-/WTO-Mitglieder substanziell und statistisch signifikant mehr handeln als die Nichtmitglieder.[74] Sie setzen u. a. den Akzent der Untersuchung nicht ausschließlich auf den Handel, sondern vielmehr auf den Stellenwert der Organisation wie die WTO für die Weltgemeinschaft. Der Argumentati-

---

[69] Vgl. ebd.
[70] Vgl. ebd., S. 22.
[71] Vgl. Goldstein, J.L.; Rivers, D.; Tomz, M. (2007): Institution in International Relations: Understanding the Effects of the GATT and the WTO on World Trade, in: International Organization, Vol. 61, S. 52–53.
[72] Vgl. ebd., S. 41–42; WTO, Art. IX.
[73] Vgl. Goldstein, J.L.; Rivers, D.; Tomz, M. (2007), S. 47.
[74] Abbildung 4.

on der Autoren zufolge ist die Mitgliedschaft in der Organisation der informellen Mitgliedschaft, aufgrund externer Effekte, die eine Institution erzeugt, gleichzusetzen.[75]

Denzau und Kim nehmen ebenfalls einige Änderungen an dem von Rose vorgestellten Gravitationsmodell vor und zeigen, dass die Mitgliedschaft in GATT/WTO signifikant positive Ergebnisse liefert, wenn man die Ölexporte aus dem Modell extrahiert.[76] Zwar nehmen Öl und Ölerzeugnisse einen wesentlichen Anteil an den im internationalen Kontext handelnden Gütern ein, fallen aber nicht unter die Regularien des allgemeinen WTO-Regelwerks. Ölpreise werden wesentlich von den OPEC-Ländern kontrolliert und das Öl bleibt für viele Importländer eine große Einnahmequelle.[77] Die Erkenntnisse aus ihrer Untersuchung decken sich mit jener von Rose, solange die Ölerzeugnisse mitgerechnet werden. Bei einer Betrachtung des Handels allerdings ohne Öl erhöht das GATT-/WTO-System den Handel ausschließlich unter den Mitgliedern um 23 % und zwischen den Mitgliedern und Nichtmitgliedern um 13 %.[78]

---

[75] Vgl. Goldstein, J.L.; Rivers, D.; Tomz, M. (2007), S. 63.
[76] Vgl. Denzau, A.T.; Kim, M.H. (2006): The WTO Does Promote Trade, on: http://www.cgu.edu/include/2006-04.pdf, S. 1.
[77] Vgl. http://www.opec.org/opec_web/en/about_us/25.htm, abgerufen am 30.07.2012.
[78] Vgl. Denzau, A.T.; Kim, M.H. (2006): S. 3.

5 Alternative Interpretation der empirischen Erkenntnisse von Rose

Das Gravitationsmodell ist eine weitverbreitete Methode, die dazu verwendet wird, internationale Handelsflüsse quantitativ zu erfassen und qualitativ zu erklären. Doch auch sie hat ihre Unvollkommenheiten, die nicht unbedingt an der technischen Ausgestaltung liegen. Die enttäuschenden Resultate der Modellrechnung zeugen möglicherweise davon, dass das Modell nicht geeignet ist, jene Fragen zu beantworten, die Rose in seiner Untersuchung stellt.

"Do we really know that the WTO and its predecessor the General Agreement on Tariffs and Trade (GATT) have actually promoted trade?"[79]

Eventuell liegt der Wert der Organisation nicht in der Handelsförderung, wie Rose es vermutet. Wenn die Organisation eine andere Funktion als die der Handelsförderung hat, z. B. die Schaffung eines rechtlichen und normativen Rahmens, der das Konfliktpotenzial zwischen den Ländern minimeren soll, dann erscheinen in diesem Licht die Analyseresultate von Rose nicht verwunderlich.[80] Es kommt womöglich schlicht und ergreifend darauf an, wie die Mitglieder der Handelsorganisation ihre Mitgliedschaft nutzen. Immerhin ist es zunächst intuitiv relativ schwierig, sich vorzustellen, dass die Wirtschaftsbeziehungen zwischen den Nicht-Mitgliedern diametral anders sein können als zwischen den Mitgliedern. Rose's Untersuchungen zur Bedeutung der WTO drehen sich um die Behauptung, die Rolle der Organisation bestehe darin, den internationalen Handel zu intensivieren.[81] Gleichzeitig bezieht er sich auf die offizielle Rollendefinition der WTO:

"[...] overriding objective is to help trade flow smoothly, freely, fairly and predictably."[82]

Diese Selbstdarstellung der WTO sagt nichts über die Handelsintensivierung als Ziel der Organisation aus. Die Rolle der WTO könnte daher eine andere sein als eine schlichte Vergrößerung der Handelsvolumina, wie von Rose ausführlich untersucht. Vielleicht hat GATT/WTO ein globales öffentliches Gut produziert, wie die Handelsliberalisierung für alle Länder, unabhängig davon, ob sie über eine Mitgliedschaft verfügen oder nicht.

---

[79] Rose, A. (2004), S. 1.

[80] Vgl. http://petergallagher.com.au/index.php/site/article/does-wto-membership-increase-trade, abgerufen am 30.07.2012.

[81] Vgl. Rose, A. (2004), S. 2.

[82] Ebd.

„Perhaps; one can't use data to test this hypothesis, since there is no data for the counter-factual GATT-free world."[83]

Vielmehr erstaunlich erscheint die Tatsache, dass die Ergebnisse der empirischen Untersuchung nicht mit den Erwartungen der ToT- und Commitmenttheorien kompatibel sind. Diese lassen das Betreiben einer restriktiven Politik der Nichtmitglieder vor ihrer Mitgliedschaft vermuten, in der Hoffnung, ihr Handel würde sich nach dem Beitritt zur Organisation erwartungsgemäß steigern. Nach Rose sind die Residuen signifikant von null unterschieden, d. h., die Staaten, die der WTO beitreten, betreiben im Vergleich zu den Mitgliedern weder einen signifikant unterschiedlichen Handel noch erfahren sie nach dem Beitritt eine signifikante Handelssteigerung.[84]

Beide Theorien setzen eine multilaterale externe Institution als Garant für die effiziente Handelsarchitektur genau wegen ihrer Eigenschaft voraus, jene Regeln und Normen zu überwachen und durchzusetzen, deren Nichteinhaltung beim reinen unilateralen Handel Ineffizienzen, wie in Kapitel 2 beschrieben, hervorrufen kann. Weisen demzufolge die Ergebnisse des Gravitationsmodells indirekt gleiche Handelsmuster der Nichtmitglieder wie die der Mitglieder auf, ist daher zu fragen, wie dies empirisch zu überprüfen ist.

[83] Vgl. ebd., S. 22.
[84] Vgl. ebd., S. 9.

6 Messung der Handelspolitik

Die Messung der Handelspolitik wurde vielfach in der wissenschaftlichen Literatur untersucht. Dollar (1992), Sachs und Warner (1995), Harrison (1996), Edwards (1997) und Greenaway (2002) sind einige prominente Beispiele.[85] Es existieren viele Indikatoren zur Messung der Handelspolitik. Die am häufigsten verwendeten sind:

- der Offenheitsindex;
- die Handelsflüsse;
- Zölle und nichttarifäre Handelshemmnisse;
- informelle, qualitative und zusammengesetzte Indizes.[86]

Der offensichtlichste Offenheitsindikator ist das Verhältnis der aggregierten Exporte und Importe zum BIP.[87] Abbildung 5 liefert diesbezüglich interessante Ergebnisse. Sie zeigt, dass der Offenheitsindex der GATT-/WTO-Mitglieder und Nichtmitglieder in ihrer Ausrichtung gleichläufig ist.[88] Sie dokumentiert außerdem einerseits, dass zu bestimmten Zeitpunkten die Nichtmitglieder sogar höhere Offenheit aufgewiesen haben als die Mitglieder. Abbildung 6 untermauert zusätzlich grafisch die Testergebnisse von Rose, nämlich das Aufweisen eines fast gleichen Handelsanteiles der Nichtmitglieder mit den Systemmitgliedern, genauso wie der Mitglieder untereinander.[89]

Andererseits könnten Zölle und nichttarifäre Handelshemmnisse als Messgröße der Offenheit herangezogen werden. Abbildung 7 legt die durchschnittliche Entwicklung der weltweiten Zollsätze dar, die nach Produkten und über alle Länder hinweg kontinuierlich gesunken sind.[90] Die Problematik dieser Methode der Offenheitsmessung liegt bekanntermaßen in den sog. Tariff Peaks begründet. Weisen z. B. wichtige Importmärkte durchschnittlich niedrige Zolllinien in einem Sektor auf, so können die übrigen sektoralen Zölle auf Zwischenprodukte bzw. relevante andere Produkte im gleichen Sektor erhöht werden, was nicht nur keinen Liberalisierungseffekt

---

[85] Vgl. Rose, A. (2002): Do WTO Members Have A More Liberal Trade Policy?, in: NBER Working Paper No. 9347, S. 4.
[86] Vgl. ebd., S. 5.
[87] Vgl. ebd.
[88] Abbildung 5.
[89] Abbildung 6.
[90] Abbildung 7.

zur Folge hat, sondern zu einem Phänomen wie Zolleskalation führen könnte.[91] Aber auch die sog. NTBs bieten einen Blick auf das Protektionsniveau des untersuchten Landes. Die schlichte Präsenz von nicht-tarifären Hemmnissen ist ein potenziell schwaches Substitut für die Bedeutung oder Intensität des NTBs und weist daher als Maß keine Fehlerfreiheit auf, was allgemein bekannt ist. Außerdem ist die Feststellung des Missbrauchs hierzulande recht schwierig zu erfassen.[92]

In letzter Zeit gewinnen in der wissenschaftlichen Literatur einige informelle Offenheitsindizes an Bedeutung. Der sog. Index of Economic Freedom von Heritage Foundation und dem Fraser Institute ist erwähnenswert. The Economic Freedom Index of Heritage Foundation ist aus zehn Komponenten konstruiert, die für ökonomische Freiheit bestimmend sind. Dazu werden sie in vier Kategorien gruppiert: Rule of Law, Limited government, Regulatory efficiency and Open markets.[93] Da an dieser Stelle insb. die Handelsoffenheit von Interesse ist, werden einige Ergebnisse aus dem Trade Index, einer Unterkategorie von Open Markets, präsentiert. Dieser Index kombiniert die oben beschriebenen Offenheitsmessungsmethoden, nämlich die durchschnittlichen Zollsätze und NTBs in folgender funktionaler Form:

$$Trade\ Freedom_i = \left[\left(\frac{(Tariff_{max} - Tariff_i)}{(Tariff_{max} - Tariff_{min})}\right) * 100\right] - NTB_i \quad (6.1)$$ [94]

Der Grad der Freiheit lässt sich auf einer Skala von 0 bis 100 ablesen, wobei 0 das schlechteste und 100 das beste Ergebnis darstellt. Die Anwendung dieses Indexes auf die Nichtmitglieder der WTO, mit Ausnahme von Afghanistan, Andorra, Bahamas, der Komoren, Vatikan, Libanesische Republik, Sao Tomé und Príncipe sowie Sudan, für die keine Daten vorliegen, liefert interessante Ergebnisse.[95] Der Trade Freedom Index liegt für diese Länder seit 1995 in der Masse im oberen Drittel mit dem Median von 68,2. Abgesehen von einem Ausreißer für die Seychellen, deren Trade Freedom Index für die Jahre 2009–2012 konstant bei 34,4 liegt, befinden sich 17 der 20 Länder über der 50er-Marke.[96] Aber auch die dynamische Betrachtung belegt das Ansteigen des Freedom Indexes aller Nichtmitglieder im Durchschnitt seit 1995 um ca. 43,74 %, von 47,64

[91] Vgl. Bown, C.P. (2009), S. 26; Rose, A. (2002), S. 6.
[92] Vgl. Rose, A. (2002), S. 7.
[93] Vgl. http://www.heritage.org/index/book/methodology, abgerufen am 30.07.2012.
[94] Vgl. http://www.heritage.org/index/trade-freedom, abgerufen am 30.07.2012.
[95] Abbildung 8.
[96] Tabelle 1.

im Jahr 1995 auf 68,84 im Jahr 2012.[97] Die Veränderung des Weltdurchschnitts liegt für dieselben Jahre bei 31,4 %.[98]

Diese empirischen Ergebnisse erscheinen recht interessant und kontrovers im Lichte der in den ersten Kapiteln vorgestellten Theorie. Sie zeigen, dass eine unilaterale Liberalisierung der Wirtschaftspolitik in Abwesenheit eines wie auch immer gestalteten Handelsabkommens, nicht wie von Bagwell und Staiger vermutet, in einer ineffizienten Situation mit hohen Zollsätzen münden wird und eher eine Ausnahme ist, sondern vielmehr einen seit Jahrzehnten beobachteten Zollabbau registrieren lässt und eine Regel darstellt. Ob eine solche Zollreduktion auch ohne das multilaterale Handelssystem zustande gekommen wäre, ist leider nicht überprüfbar, weil es keine GATT-/WTO-freie Zeit gab. Es stellt sich daher die Frage, warum die Länder trotz des Anreizes der Verbesserung ihrer Terms-of-Trade unilateral liberalisieren.

---

[97] Abbildung 9.
[98] Vgl. http://www.heritage.org/index/visualize, abgerufen am 30.07.2012.

7 Verhaltensmuster in internationalen Wirtschaftsbeziehungen

Die Weltpolitik zeichnet sich durch anarchische Strukturen aus, d. h., es gibt keine zentrale, souveräne und mit Kompetenzen ausgestattete Regierung, die bestimmte Regeln und Normen durchsetzen könnte. Die Standardsicht nationaler Gesellschaften beschreibt daher internationale Institutionen als schwach. Politisch motivierte Protektionsbestrebungen sind weit verbreitet, sodass eine Kooperation keine Regel darstellt, sondern sich von Fragestellung zu Fragestellung und mit der Zeit ändert.[99]

Gegenseitigkeit oder Reziprozität als zentrales Element in den internationalen Handelsbeziehungen scheint eine wesentliche Rolle in der weltweiten Handelsliberalisierung zu spielen. Es stellt sich die Frage, ob die Erwartung der Einhaltung dieser Regel eine unilaterale Liberalisierung unter den Nichtmitgliedern ermöglicht. Aber auch die Anwendung dieses Prinzips unter den WTO-Mitgliedern wirft Fragen auf, z. B., warum unilaterale Liberalisierung Sinn machen kann. Immerhin ist die Regeldurchsetzungskraft der Organisation sehr beschränkt. Sie besitzt keine Souveränität und kann keinem Staat Regeln diktieren bzw. vor einem Regelmissbrauch schützen.[100] Die beobachtete internationale Kooperation und Liberalisierung müsste daher ein endogener Prozess sein, an dessen Ende die Herausbildung einer internen Institution steht.

7.1 Kooperation als evolutionärer Prozess

Interaktionen haben zwischen den Subjekten oder Staaten einen spieltheoretischen Charakter. Der evolutorische Ansatz als solcher ist in der Literatur nicht unumstritten, aber durchaus mehrheitsfähig und kann an dieser Stelle behilflich sein, um empirisch gezeigte Phänomene analytisch zu erklären.

Es wurden einige Untersuchungen von Thomas Crombie Schelling über die Entstehung der Koordination[101] sowie von Robert Axelrod auf diesem Gebiet durchgeführt.[102] Axelrod untersucht in seinen Arbeiten, u. a. in „Die Evolution der Kooperation“ und „Conflict of Interest: An Axiomatic Approach“, die Frage, wie Kooperation in einer anarchischen Welt von Egoisten ohne

---

[99] Vgl. Axelrod, R.; Keohane, R.O. (1985): Achieving Cooperation under Anarchy: Strategies and Institutions, in: World Politics, Vol. 38, No. 1, S. 226.
[100] Vgl. ebd.
[101] Vgl. Schelling, T.C. (1969): Models of Segregation, in: The American Economic Review, Vol.59, No. 2, pp. 488–493; Schelling, T.C. (2006): Micromotives and Macrobehaviour, London, S. 4.
[102] Vgl. Axelrod, R. (1987): Die Evolution der Kooperation, München, S. 3

externe Koordinationsmechanismen entstehen kann.[103] Unter der Berücksichtigung bestimmter Annahmen hat Axelrod eine Reihe von Computer-Turnieren durchgeführt, um herauszufinden, welche Strategie die besten Ergebnisse in einem iterierten Gefangenendilemma-Spiel generieren kann. In diesem Zusammenhang stellt Axelrod fest, dass das Programm TIT FOR TAT in wiederholten Spielen die höchsten Auszahlungen ermöglicht. Das Programm wies im Vergleich zu anderen Programmen wesentliche Erfolgseigenschaften, Einfachheit und Kooperationsbereitschaft, auf. Es begann das Spiel mit der Kooperation und tat danach das, was sein Gegner in der Vorrunde getan hat.[104] TFT stellt daher jenes Verhaltensmuster dar, das eine Kooperation in Abwesenheit einer zentralen Regierung zwischen Egoisten ermöglichen könnte.[105]

Ausgehend von einem iterierten Gefangenendilemma kommt er zu dem Ergebnis, dass es drei Dimensionen gibt, die für den Erfolg bzw. Misserfolg der Kooperationsversuche unter Anwendung des TFT-Verhaltens in einem „chaotischen" Umfeld verantwortlich sind. Hierbei handelt es sich um die Gemeinsamkeit der Interessenlage, den Schatten der Zukunft und die Gruppengröße.[106] Axelrod geht von den Situationen aus, die den Charakter sowie die Auszahlungsstruktur eines Gefangenendilemmas haben. Zweifelsohne gibt es eine Reihe weiterer möglicher Spielkonstellationen wie z. B. das sog. Stag Hunt and Chicken Spiel, dessen Auszahlungsstrukturen oft von bestimmten unkontrollierbaren Ereignissen beeinflusst werden und ganz andere dominante Strategien der Spieler reflektieren.[107] Die meisten handelspolitischen Interaktionen können aber grundlegend als Gefangenendilemma-Spiel interpretiert werden.

Die internationalen Handelsbeziehungen finden in einer stochastischen Welt statt und zeichnen sich durch viele Unsicherheiten aus. Es gibt sehr viele Faktoren, die exogen vorgegeben und daher unkontrollierbar sind, wie z. B. zukünftige Renditen oder wirtschaftliche Schocks. In einem Gefangenendilemma-Spiel hilft allerdings die Unsicherheit über zukünftige Auszahlungen die Kooperation zu fördern. Je stärker die zukünftigen Auszahlungen relativ zu den gegenwärtigen gewichtet werden und je wahrscheinlicher es ist, denselben Spieler in den nächsten Interaktionsrunden zu treffen, desto kleiner ist der Anreiz, von dem kooperativen Pfad abzuweichen und zu defektieren.[108] Übertragen auf die internationalen politisch ökonomischen Fragestellungen ist

---

[103] Vgl. ebd., S. 3.
[104] Vgl. ebd., S. 31.
[105] Vgl. ebd., S. 51.
[106] Vgl. Axelrod, R.; Keohane, R.O. (1985), S. 227.
[107] Vgl. Jervis, R. (1978): Cooperation Under the Security Dilemma, in: World Politics, Vol. 30, No. 2, S. 168.
[108] Vgl. Axelrod, R. (1987), S. 11.

eine Vergeltung für die merkantilistischen Bestrebungen selbstverständlich jederzeit möglich. Ein rationaler Spieler, der solche Bestrebungen erwartet, wird bei der Ausgestaltung seines Reaktionszuges die Wahrscheinlichkeiten und mögliche Konsequenzen seines Handelns berücksichtigen.[109] Der Charakter des Spiels und die Auszahlungsstruktur im iterierten Gefangenendilemma machen eine Defektion langfristig unattraktiv. Die kurzfristigen Vorteile einer „single-shot“ Defektion werden langfristig durch die Vergeltungsschritte des hintergangenen Spielers überwogen.[110]

7.2 Populationsdynamik und evolutionäre Stabilität

Das „Evolutionäre“ an dieser Theorie ist der Bezug auf die Mechanismen der darwinistischen Artenlehre, insbesondere die Grundannahme, das menschliche Verhalten bilde sich aus der Wechselwirkung zwischen phylogenetischem Erbe und der Evolution von Werten und Normen heraus.[111] Axelrod untersucht, unter welchen Umständen sich die kooperative Strategie der Form TFT ausbreiten und langfristig bestehen kann. Die zentrale Rolle kommt dabei der Bedeutung der Fitness eines Spielers des Phänotyps *i* im Vergleich zur Fitness der übrigen Spieler zu.[112]

Angenommen, der Anteil x_i der Spieler, die die reine Strategie *i* wählen, im vorliegenden Fall TFT, entwickelt sich entsprechend der Replikatorengleichung:

$$\frac{dx \ \ (t)/dt}{x_i(t)} = u_i\big(x(t)\big) - \bar{u}\big(x(t)\big) \text{ für } t \geq 0 \qquad (7.1)$$

Die linke Seite der Gleichung (7.1) drückt die Wachstumsrate des Populationsanteils x_i zum Zeitpunkt *t* aus. Die rechte Seite besteht aus zwei Termen. $\bar{u}\big(x(t)\big)$ stellt die durchschnittliche Fitness in einer polymorphen Population dar, sodass

$$\textstyle\sum_{i=1}^{n} x_i(t) = 1 \qquad (7.2)$$

[109] Vgl. Axelrod, R.; Keohane, R.O. (1985), S. 233.
[110] Vgl. Keohane, R.O. (2005): After Hegemony. Cooperation and Discord in the World Political Economy, Princeton, S. 76.
[111] Vgl. Herrmann-Pillath C. (2011): Evolutionsökonomik, in: Hrsg. Otto, K.-S., Speck, T.: Darwin meets Business. Evolutionäre und bionische Lösungen für die Wirtschaft, Wiesbaden,
S. 196.
[112] Vgl. Axelrod, R. (1987), S. 44

$u_i(x(t))$ ist die Fitnessfunktion des i-en Spielers. Falls $u_i(x(t)) > \bar{u}(x(t))$ ist, dann ist die rechte Seite von (7.1) positiv. Der Anteil x_i wächst folglich schneller, je größer die Differenz $u_i(x(t)) - \bar{u}(x(t))$ ist.[113] Eine solche Entwicklung setzt selbstverständlich eine minimale kritische Masse an Kooperationswilligen voraus, deren Entstehung durch etwaige Motivationsmechanismen begleitet werden kann.[114]

Abbildung 10 zeigt die Ergebnisse der durchgeführten Simulation des dynamischen Interaktionsprozesses unterschiedlicher Strategien. Ab der fünfzigsten Generation verschwindet das letzte Drittel der Simulationsteilnehmer. Das mittlere Drittel erreicht seinen Höhepunkt und beginnt abzunehmen, nur die Anteile aus dem ersten Drittel wachsen weiterhin.[115] Dieser Ablauf zeigt das Überleben des Fittesten. Während sich die Anteile der erfolgreichen Strategien im Zeitablauf vermehren, verschwinden allmählich die erfolglosen. Mit dem Verschwinden bestimmter Strategien ändern sich auch die Anteile der verbleibenden, sodass die Umgebung, in der die erfolgreichen Strategien interagieren müssen, sich ebenfalls ändert. Die Wahrscheinlichkeit, auf einen defektierenden Spieler zu treffen, nimmt ab. Die Ergebnisse zeigen einen Sieg der Regel TIT FOR TAT. In einer langen Frist verschwanden alle anderen Regeln. Ein Fixpunkt bzw. ein dynamisches Gleichgewicht einer dauerhaften Kooperation wurde erreicht.[116]

Ganz natürlich drängt sich die Frage auf, ob in einem kooperativen Umfeld ein defektierender Spieler den langfristigen Nutzen erreichen kann. Die Prüfung der evolutionären Stabilität, d. h., der Resistenz gegen die Eindringungsversuche defektierender Strategien, generiert auch positive Ergebnisse, wenn die Wahrscheinlichkeit einer zukünftigen Interaktion mit demselben Individuum groß genug ist.[117] Die Strategie IMMER D, die eine dominante Strategie im einfachen Gefangenendilemma ist, hat die besten Chancen, auch im iterierten Gefangenendilemma in die etablierte TFT-Population einzudringen. Aber auch eine Strategie, die abwechselnd defektiert und kooperiert, könnte sich in der TFT-Umgebung niederlassen. IMMER D kann in TFT nicht eindringen, wenn die erwartete Auszahlung bzw. die Fitness von IMMER D kleiner als die von

---

[113] Vgl. Holler J.M., Illing G. (2006): Einführung in die Spieltheorie, 6. Auflage, Berlin, S. 371.
[114] Vgl. Elsner, W. (2010): The process and a simple logic of 'meso'. Emergence and the co-evolution of institutions and group size, in: Journal of Evolutionary Economics, DOI: 10.1007/s00191-009-0158-4, S. 3.
[115] Abbildung 10.
[116] Vgl. Axelrod, R. (1980): More Effective Choice in the Prisoner's Dilemma, in: The Journal of Conflict Resolution, Vol. 24, Nr. 3, S. 401.
[117] Vgl. Hamilton, D.W., Axelrod, R. (1981): The Evolution of Cooperation, in: Science, New Series, Vol. 211, Nr. 4489, S. 1393.

TFT ist.[118] IMMER D kann demnach in TFT nicht eindringen, wenn: $T + \frac{wP}{(1-w)} \leq \frac{R}{(1-w)}$ ist[119] oder nach w aufgelöst: $w \geq \frac{(T-R)}{(T-P)}$ oder äquivalent $w \geq \frac{(T-R)}{(T-S)}$ ist, wobei w die Wahrscheinlichkeit impliziert, dasselbe Individuum in den nächsten Runden wiederzutreffen.[120]

7.3 Kritische Masse und Kooperation

Die Stabilität der TFT-Strategie als das Pendant für ihre Ausbreitung hängt, wie im vorangegangenen Kapitel gezeigt, von der Interaktionswahrscheinlichkeit mit demselben Kontrahenten ab, die allerdings wiederum von der Gruppengröße abhängig ist. Bei einer konstanten Gruppengröße ist eine bestimmte kritische Masse an Wiedertreffwahrscheinlichkeit notwendig, um die Bedingung für die Kooperationsausbreitung, nämlich $E(TFT/TFT) > E(ALL\ D/TFT)$, zu ermöglichen. Bei Prüfung der evolutionären Stabilität, aufbauend auf den Zahlenbeispielen von Axelrod mit $\delta = \delta_2 = 0.9, T = 5, R = 3, S = 0, P = 1$[121] ist eine relevante Gruppe von 6,7 % der TFT-Kooperatoren in einem statischen Umfeld ausreichend, die Kooperation eigendynamisch entstehen zu lassen.[122] Wächst allerdings die Gruppengröße mit der Zeit, könnte auch die Robustheitsvoraussetzung der TFT-Strategie nicht mehr erfüllt sein.[123] Abbildung 11 präsentiert die Auszahlungsfunktionen für TFT vs. ALL D in Abhängigkeit von der Populationsgröße. Sie zeigt eine minimale kritische Kooperationsmasse k*, worüber hinaus sich Kooperation für alle Individuen auszahlt.[124] Die Kooperation ist dann evolutionär stabil, wenn:

$$\frac{k_t}{n} >! \frac{(P-S)}{\left[{(R-P)}/{(1-\delta_2)} \right] - T - S + 2P} \qquad (7.4)$$

In einem System mit wachsender Population muss allerdings entweder die relevante kooperative Gruppe k oder die Wahrscheinlichkeit, denselben Spieler zu treffen, wachsen, damit sich Koope-

---

[118] Vgl. Axelrod, R. (1987), S. 55.
[119] Die Belohnung für wechselseitige Kooperation wird R (für eng. Reward), die Versuchung zu defektieren T (für eng. Temptation), die Auszahlung des gutgläubigen Opfers S (für eng. Sucker's payoff) und P (für eng. Punishment) als Strafe für wechselseitige Defektion genannt.
[120] Vgl. Hamilton, D.W., Axelrod, R. (1981), S. 1393
[121] Vgl. Elsner, W. (2010), S. 19
[122] Vgl. ebd.
[123] Vgl. Caporaso, J.A. (1992): International relations theory and multilateralism: the search for foundations, in: International Organization, Vol. 46, No. 3, S. 613.
[124] Abbildung 11.

ration etablieren kann. Elsner zeigt formal, dass die zunehmende Anzahl der Gruppenmitglieder die Wahrscheinlichkeit, denselben Kontrahenten wiederzutreffen, senkt.[125] Gegeben die Wahrscheinlichkeiten p_1- dieselben Spieler in der nächsten Interaktion eines sog. Supergame wiederzutreffen, mit $\delta = \delta_1 = \frac{p_1}{(1+r)}$,[126] und p_2- denselben Interaktionspartner im nächsten n-Spieler Supergame wiederzutreffen, mit $p_2 = \frac{1}{(n-1)}$, ergibt sich ein allgemeiner Diskontfaktor:

$$\delta_2 = \frac{p_1 * p_2}{(1+r)} = \frac{p_1}{[(1+r)*(n-1)]} \qquad (7.3)$$[127]

Wie unschwer zu erkennen ist, ist die Wahrscheinlichkeit, demselben Spieler bei der nächsten Interaktion und in der nächsten Runde zu begegnen, klein und sinkt mit zunehmender Population. Haben allerdings kooperative Agenten ein längeres Gedächtnis und besitzen einen erweiterten Beobachtungshorizont, dann könnte auch die relevante kooperative Gruppe wachsen.[128] Ähnliche Erkenntnisse gewinnt Taylor in „The Possibility of Cooperation". Im Gegensatz zu Axelrod konstruierte Taylor ein Superspiel, bestehend aus der unendlich abzählbaren Anzahl von Iterationen eines einzelnen Teilspieles, in dem die Auszahlung für einen Spieler eine Funktion seiner Strategien sowie der Anzahl anderer in demselben Spiel kooperierender Spieler ist.[129] In diesem Spiel hängt der Anreiz zu kooperieren oder zu defektieren von der Anzahl der beteiligten Spieler ab.[130] Taylor kommt zu zwei Schlussfolgerungen, einmal, dass die Kooperation in einer kleinen Gruppe wahrscheinlicher als in einer großen ist und die Kooperation auch stabil sein kann, wenn bedingte Kooperatoren[131] existieren, die das Verhalten anderer beobachten können.[132]

Schlussfolgernd müssen sich aus der Populationsperspektive die Individuen in einer strukturierten Population mit unterschiedlichen Strategien nicht nur auf einen Interaktionspartner verlassen, den sie sowohl aus den intra- als auch inter-Superspielen kennen, vielmehr müssen sie die Strategien bzw. das Verhalten weiterer potenzieller Partner kennenlernen, um p_2 und somit δ_2 in den Erwartungen und Kalkulationen zu erhöhen. Dazu sollten die Individuen in der Lage sein, Inter-

[125] Vgl. Elsner, W. (2010), S. 10.
[126] Dabei stellt r = Zeitpräferenz dar.
[127] Vgl. Elsner, W. (2010), S. 10.
[128] Vgl. ebd., S. 11.
[129] Vgl. Taylor, M. (1987): The Possibility of Cooperation, Cambridge, S. 85.
[130] Vgl. Caporaso, J.A. (1992), S. 609.
[131] Vgl. Taylor, M. (1987): S. 105, „conditional cooperation" is defined as the strategy of cooperating on the condition that others cooperate.
[132] Vgl. Caporaso, J.A. (1992), S. 610.

aktionen anderer Individuen zu beobachten und auszuwerten. Angenommen, jeder Spieler ist in der Lage, gleichzeitig sechs Interaktionen anderer Spieler zu beobachten, so ist seine Kenntnis über das Verhalten anderer 13 Mal größer als das „benchmark“ (anstatt nur das Verhalten seines Gegenübers). Wird zusätzlich das kooperative Verhalten von 50 % der Population beobachtet, d. h., das sogenannte bedingte Vertrauen ist $\delta_k = 0{,}5$, so kann die relevante kooperative Gruppengröße von 2 auf 6,5 wachsen.[133] Bei Erweiterung der Beobachtungszeiträume von einer auf drei Perioden mit sechs gleichzeitig beobachtbaren Interaktionen sind es nun 28 beaufsichtigte Agenten. An dieser Stelle kommt Reputation ins Spiel. Das verlängerte Gedächtnis übt Druck auf die Spieler aus, sich kooperativ zu verhalten. Die Reputation erhöht daher die Wahrscheinlichkeit, einen Kontrahenten wiederzutreffen, dessen Verhaltensweise bekannt ist.[134]

Die Verkürzung der Unsicherheiten erlaubt daher dem Spieler, sich einen besseren Überblick über die Interaktionsgruppe zu verschaffen und bewusst auszuwählen, mit wem er interagieren möchte.[135] Allerdings werden dadurch nicht alle Unsicherheiten eliminieret, sodass auch Defektoren in der potenziellen Interaktionsgruppe aufgenommen werden. Doch durch sein erweitertes Gedächtnis und Beobachtungshorizont kann er Akteure mit der guten Reputation bewusst wählen und in seine relevante kooperative Peergruppe aufnehmen, was folglich one-shot Defektion unattraktiv macht.[136]

Wendet man diese theoretischen Erkenntnisse auf die internationalen Handelsbeziehungen, insbesondere auf die in früheren Kapiteln präsentierten Erkenntnisse von Rose, an, so lässt sich behaupten, dass die Herausbildung der existierenden Verhaltensmuster einen evolutionstheoretischen Charakter hat. Weil sowohl die Mitglieder der Handelsorganisation als auch die Nichtmitglieder im gleichen Umfeld interagieren und daher gleichen „Gesetzmäßigkeiten“ unterliegen, zahlt es sich aus, sich kooperativ zu verhalten und zu liberalisieren. Die Handelszahlen in Kapitel 6 belegen diese Vermutung. Die internationalen Wirtschaftsbeziehungen besitzen einen spieltheoretischen Charakter und vollziehen sich nach den Gesetzen der Evolutorik, was die auf den ersten Blick kontrovers erscheinenden Ergebnisse von Rose widerspiegeln. Die Mitglieder des offiziellen Welthandelssystems, fast 50 Jahre durch GATT verkörpert und mittlerweile durch die WTO institutionalisiert, handeln und liberalisieren anscheinend genauso wie die Nichtmit-

---

[133] Vgl. Elsner, W. (2010), S. 23.
[134] Vgl. ebd.
[135] Vgl. ebd., S. 26.
[136] Vgl. ebd.

glieder. Auch wenn viele Organisationsmitglieder eine unilaterale Marktöffnung vorgenommen haben, ist nicht von einem bedingten Vertrauen bzw. einer bedingten Kooperation ihrerseits auszugehen. Sie kopieren das, was alle anderen um sie herum machen. Welche Rolle ist der WTO zuzuschreiben, wenn sich die globale Handelsliberalisierung ohne externe Koordinationsmechanismen vollziehen könnte?

8 Kooperationsprobleme und institutionelle Lösungsmöglichkeiten

Die Geschichte der internationalen Wirtschaftsbeziehungen beinhaltet viele Beispiele, wie ein über Jahre hinweg in vielen Staaten erkennbarer Liberalisierungstrend innerhalb kürzester Zeit in der Protektion mit verheerenden Folgen für die globale Weltwirtschaft mündete. Die Jahre 1929–1933, 1975, 1982–1983 und nicht zuletzt 2008–2010 lassen die Intuition entstehen, dass die Staaten sich in einem politischen Gefangenendilemma befinden und die Effekte des iterierten Spiels allein nicht stark genug sind, diese kurzfristigen Friktionen zu beseitigen und eine langfristige Kooperation zu stabilisieren.[137] Die Friktionen, die sich aus den Terms-of-Trade-Überlegungen, dem Druck der Interessengruppen und möglichen individuellen Interessen der Politiker ergeben, sind jene Faktoren, die den Ausgang vieler internationaler Verhandlungen über die Handelsliberalisierung bestimmen. Während der internationale Handel in der Theorie einerseits den Wohlstand erhöht, kann er andererseits als Nebenprodukt sowohl Gewinner als auch Verlierer der Liberalisierung hervorbringen.[138] Ausgehend von der Betrachtung des globalen Wirtschaftssystems als anarchisch gibt es drei unterschiedliche Meinungen zur Notwendigkeit einer Institution wie der WTO. Mearsheimer behauptet z. B., eine internationale Institution sei nicht in der Lage, die kurzfristigen politischen Friktionen einer nationalen Regierung durch Zwangsmaßnahmen zu disziplinieren.[139] Eine andere Gruppe von Wissenschaftlern sieht die Rolle der internationalen Organisation in der Fähigkeit, ein anarchisches System in ein hierarchisches zu transformieren, das die Staaten dazu zwingen kann, gegen ihr eigenes Interesse zu handeln.[140] Eine dritte Überlegung, inwiefern eine internationale Organisation von Bedeutung sein kann, wird von Keohane folgendermaßen beschrieben:

„Institutions may affect outcomes without subverting anarchy by remedying market failure to which the anarchic system gives rise".[141]

---

[137] Vgl. Dluhosch, B., Krause, S. (2012): Diversity and the disinterest in trade liberalization: on the prospects of self-enforcing cooperation, in: Journal of Evolutionary Economics, DOI: 10.1007/s00191-012-0267-3, S. 3.
[138] Vgl. O'Rourke, K.H.; Findlay, R. (2008): Lessons from the history of trade and war, on: http://www.voxeu.org/index.php?q=node/971, abgerufen am 30.07.2012.
[139] Vgl. Mearsheimer, J.J. (1994-95): The False Promise of International Institutions, in: International Security, Vol. 19, No. 3, pp. 5–49.
[140] Vgl. Burley, A.-M.; Mattli, W. (1993): Europe before the Court: A Political Theory of Legal Integration, in: International Organization, Vol. 47, No. 1, pp. 41–76.
[141] Kono, D.Y. (2007): Making Anarchy Work: International Legal Institutions and Trade Cooperation, in: The Journal of Politics, Vol. 69, No. 3, S. 746.

Aber auch aus der Sicht der evolutorischen Spieltheorie, in einem politökonomischen Kontext angewandt, wird den internationalen Institutionen eine wichtige Bedeutung beigemessen.[142] Ihre Implikationen werden im Folgenden besprochen.

8.1 Institutionen in einem anarchischen Umfeld

Die Länge des Schattens der Zukunft genauso wie die Payoff-Struktur wird nicht notwendigerweise von den objektiven Eigenschaften einer Situation beeinflusst, in der sich die Regierungen befinden, sondern vielmehr von den subjektiven Erwartungen, die interagierende Regierungen bilden. Simultane Beobachtungsmöglichkeiten der Interaktionen anderer Spieler bzw. Staaten sowie periodenübergreifende Beobachtungen ihrer Verhaltensweisen können beispielsweise das jeweilige Gedächtnis der Interaktionssubjekte erweitern. Diese Möglichkeit erlaubt den handelnden Akteuren durch das bedingte Vertrauen, ihr Handelsspektrum auf neue Partner auszuweiten. Internationale Institutionen sind daher als signifikant zu bezeichnen, weil sie durch das Monitoring der Konformität bzw. Nichtkonformität der Mitglieder mit den Verhaltensnormen sowie einem Sanktionsmechanismus die Erwartungen der Akteure zu verändern vermögen.[143] Sie sind in der Lage, die Erwartungen aus dem gegenwärtigen Verhalten der Akteure auf die zukünftigen Fragestellungen hin zu beeinflussen.[144] Die von den internationalen Organisationen praktizierten Regeln und Prinzipien, aufbauend auf internen Mechanismen erhöhen die Wahrscheinlichkeit der Defektionsbestrafung. Das GATT-/WTO-System verkörpert die Normen und Regeln, die zur Messlatte werden, anhand derer das Verhalten der Mitglieder beurteilt wird. Ahndet die Organisation den Regelverstoß, weckt sie gleichzeitig die Erwartung, dass diese Verletzung nicht als eine isolierte Maßnahme verstanden wird, sondern als eine Serie zusammenhängender Aktionen, was für alle Akteure beobachtbar und erkennbar ist.[145] Mit anderen Worten, die internationale Organisation kann das anarchische Umfeld im Hinblick auf die Unterstützung von evolutorischen Mechanismen der Kooperationsentstehung beeinflussen.

Die Voraussetzung für die Kooperationsentwicklung in den sog. „mixed-motive games" zwischen den Regierungen stellt nicht nur die Auszahlungsstruktur des Spiels und den Schatten der Zukunft, sondern auch die Anzahl der Akteure dar. Mit einer wachsenden Spielerzahl geht die

---

[142] Vgl. Axelrod, R.; Keohane, R.O. (1985), S. 226.
[143] Vgl. Martin, L.L. (1992): Interests, Power and Multilateralism, in: International Organization, Vol. 46, No. 4, S. 770.
[144] Vgl. Elsner, W. (2010), S. 12.
[145] Vgl. Axelrod, R.; Keohane, R.O. (1985): S. 233; Martin, L.L. (1992), S. 771.

Interaktionswahrscheinlichkeit mit dem bekannten Spieler auch zurück, was eine vereinzelte Defektion weiterhin möglich macht.[146] Die Reziprozität als eine kooperationsauslösende Strategie, die unter Egoisten in einem iterierten bilateralen Gefangenendilemma wirkungsvoll ist, hängt von drei Bedingungen ab: (a) Der betroffene Spieler soll in der Lage sein, die defektierende Partei identifizieren zu können; (b) er muss die Fähigkeit besitzen, die Vergeltung effektiv auszuüben und (c) der langfristige Nutzen der Vergeltung sollte die Kosten übersteigen. Existieren viele interagierende Akteure, wird es zunehmend schwieriger, diesen Bedingungen gerecht zu werden. In bestimmten Situationen kann es sogar fast unmöglich werden, die Defektion eindeutig nachzuweisen, geschweige denn, diese zu bestrafen. Besteht die Möglichkeit einer Bestrafungsmaßnahme, sinkt der Anreiz für einen kooperativen Spieler, die Rolle eines „Polizisten" zu übernehmen. Jeder Kooperierende wird bestrebt sein, die Freifahrerposition bei der Vollstreckung der Bestrafung einzunehmen.[147] Die Komplikation der Regeleinhaltung wird oft in dezentral organisierten Beziehungen als „Sanktionsproblem" bezeichnet. Die Regelkonformität ist daher zu erzwingen. Die Schwierigkeit, den Defektor zu identifizieren, ist ein fundamentales Problem, das Kooperationsversuche in der Weltpolitik belasten könnte.[148] Eine der Möglichkeiten, dem Sanktionierungsproblem unter diesen Umständen zu begegnen, besteht in der Konstruktion eines internationalen Regimes, das jene Maßstäbe vermittelt, anhand derer Aktionen gemessen und Verstöße bestraft werden können.[149] Institutionen stellen daher Informationen über den Grad der Regelbeachtung des Spiels zur Verfügung. Sie fördern die Entwicklung und Aufrechterhaltung der Reputation und vermögen sogar, obwohl zentral notorisch schwach, in einem stabilen Regime die Verantwortung für dezentrale Regeldurchsetzung zu verteilen.[150]

Aber auch die Strategie TIT FOR TAT ist keine perfekte Strategie. Sie unterstützt die negativen Folgen der Defektion durch den sog. „Echoeffekt". Falls ein Spieler von der Defektion Gebrauch macht, antwortet der TFT Spieler reziprok mit Defektion. Eine unendliche Folge alternierender Defektion liegt auf der Hand.[151] Evans hat ein weiteres Problem der Reziprozität hervorgehoben. Die potenziellen Zugeständnisse, die während der auf der Grundlage der Reziprozität beruhenden und ökonomisch nicht relevanten Zollverhandlungen gemacht werden, können als „Verhandlungsbonuspunkte" gesammelt und als Druckmittel bei politisch unbequemen Verhandlungsthe-

[146] Vgl. Elsner, W. (2010), S. 14.
[147] Vgl. Axelrod, R.; Keohane, R.O. (1985), S. 235.
[148] Vgl. Martin, L.L. (1992), S. 772.
[149] Vgl. Axelrod, R.; Keohane, R.O. (1985), S. 237.
[150] Vgl. ebd.
[151] Vgl. ebd., S. 245.

men eingesetzt werden. Als Resultat bleiben die Zollniveaus hoch, obwohl eine Zollsenkung das Realeinkommen für beide Länder erhöhen könnte.[152]

Internationale Regime ersetzen die Reziprozität nicht, vielmehr verstärken sie diese, institutionalisieren sie und bauen auf ihr auf. Regime können Reziprozität als Norm verkörpern und somit die Kosten der Regelabweichung durch die Delegitimierung des defektiven Verhaltens erhöhen. Die Regime spezifizieren durch Regelwerke, wie Reziprozität in bestimmten Themen- und Verhandlungsbereichen verstanden wird. Sie machen es daher einfacher, eine gute Reputation durch konsistente Reziprozitätsausübung zu erlangen. Gute Reputationen fördern die Bereitschaft kooperativer Regierungen, Abkommen jeglicher Art abzuschließen, weil sie auf ihre Kooperation hin auf der Gegenseite ebenfalls auf Kooperation hoffen. Trotz der Vermutung, dass Regierungen mit guter Reputation einfacher Abkommen schließen können als jene mit einer schlechten, können internationale Regime Kooperation fördern und Anreize für die Bemühung um eine gute Reputation schaffen.[153]

8.2 Rolle der Institutionen bei politischem Marktversagen

Eine andere Möglichkeit, die Entstehung von internationalen Institutionen zu erklären, besteht in ihrer Fähigkeit, das sog. politische Marktversagen zu korrigieren.[154] Die Adaption des kooperativen Verhaltens in einem Gefangenendilemma Setting lässt keineswegs Unsicherheiten verschwinden. Die Probleme, die aus den Gefangenendilemma-Situationen, sowohl in der theoretischen Spieltheorie als auch der Weltpolitik erwachsen, werden durch Interessenkonflikte und Unsicherheiten begleitet. Während langfristige Kooperationsentwicklung auf der Dynamik der TFT-Strategie aufbaut, gibt es immer kurzfristige politische Anreize, die sehr oft merkantilistischen Charakter haben. Die Friktionen können aus der Kurzsichtigkeit der Politiker entstehen, die ihre Wiederwahlchancen erhöhen möchten und daher oft Interessen spezifischer Interessengruppen Folge leisten. Es wird in der wirtschaftswissenschaftlichen Literatur von Marktversagen gesprochen, wenn der Ausgang einer vom Markt koordinierten Interaktion zu einer suboptimalen Allokation der Ressourcen führen kann.[155] Eine Möglichkeit, dem Externalitätenproblem vorzu-

---

[152] Vgl. Evans, W. J. (1971): The Kennedy Round in American Trade Policy. The Twilight of the GATT, Harvard, S. 31.
[153] Vgl. Axelrod, R.; Keohane, R.O. (1985), S. 250.
[154] Vgl. Keohane, R.O. (2005), S. 85.
[155] Vgl. ebd., S. 82.

beugen, hat Coase mit seinem als Coase-Theorem bekannten Ansatz vorgestellt.[156] Dabei gilt es, einen externen Effekt durch Verhandlungen zwischen dem Verursacher und dem Geschädigten zu beseitigen. Die Aufgabe des Staates besteht in diesem Fall lediglich darin, die Eigentumsrechte und Haftungspflichten den Akteuren eindeutig zuzuweisen, sodass diese in der Lage sind, ein Übereinkommen zu erzielen.[157] Damit eine private Lösung allerdings funktioniert, muss eine Reihe von Bedingungen erfüllt sein. Die Eigentumsrechte sind eindeutig zu definieren, es dürfen keine Transaktionskosten der Verhandlung vorliegen und die verhandelnden Parteien sollen vollständig über die jeweilige Kostenstruktur informiert sein.[158]

Ohne eine bewusst gestaltete Institution können beschriebene Probleme Kooperationsversuche behindern, auch wenn die Akteure gleiche oder einander ergänzende Interessen haben. In einem sog. „self-help"-System, wie etwa dem System des internationalen Handels, das durch situations- und strukturbedingte Ineffizienten bezeichnet wird, können Transaktionskosten eines Abkommens sehr hoch sein. Die Funktion der internationalen Organisation, im vorliegenden Fall der WTO, besteht daher darin, eine Form der gesetzlichen Haftung im internationalen Kontext zu kreieren, relativ symmetrische Informationen für alle Akteure bereitzustellen und die Verhandlungskosten so auszugestalten, damit spezifische Abkommen leichter abzuschließen sind. Internationale Regime werden von den Akteuren in der Weltpolitik gewollt, weil sie glauben, mittels solcher Vereinbarungen würden gemeinsame vorteilhafte Abkommen ermöglicht.[159] Eine besondere Rolle kommt dabei der Errichtung des rechtlichen Haftungsrahmens, der Möglichkeit der Veränderung der Transaktionskosten und der Informationsunsicherheit zu.

8.3 Haftungspflichten, Transaktionskosten und asymmetrische Informationen

Wie Coase in seinem Theorem beschreibt, liegt die Unmöglichkeit der privaten Externalitätenbeseitigung im Fehlen eines klar spezifizierten Rechtssystems und hohen Informations- und Transaktionskosten begründet. Internationale Organisationen versorgen alle Akteure mit notwendigen Informationen, die multilaterale Abkommen oder Verträge fördern. Kommt es allerdings auf die Normdurchsetzung an, sind Nationalstaaten nicht bereit, ihre Souveränität

---

[156] Vgl. Coase, H.R. (1960): The Problem of Social Cost, in: Journal of Law and Economics, Volume 3, pp. 1–44.
[157] Vgl. Weimann, J. (1991): Umweltökonomie: Eine theorieorientierte Einführung, 2. Auflage, Berlin, S. 28.
[158] Vgl. Brümmerhoff, D. (2007): Finanzwissenschaft, 9. Auflage, München, S. 28–31.
[159] Vgl. Keohane, R.O. (2005), S. 88.

aufzugeben. Es ist daher für internationale Institutionen in der Regel unmöglich, Autorität über die Nationalstaaten auszuüben. Die Staaten sind jederzeit in der Lage, getroffene rechtliche Vereinbarungen zu revidieren. Internationale Regime werden von Lowry als „Quasi-Abkommen" bezeichnet, weil sie zwar legal nicht vollstreckbar sind, dafür aber wie Verträge gehandhabt werden können, Beziehungen für die Akteure besonders vorteilhaft zu strukturieren.[160] Trotzdem ist ihre regeldurchsetzende Wirkung sehr schwach. Dafür versorgen die innerhalb einer Organisation geschlossenen Verträge, Konventionen und Quasi-Abkommen die Akteure mit nützlicher Information und generieren Transaktionskostenmuster, sodass z. B. die Kosten einer Verpflichtungsneuverhandlung in einem Regime steigen und die Kosten der Regelbindung sinken können.[161]

Internationale Regime und Institutionen können Transaktionskosten verändern, sodass eine Abweichung von dem kooperativen Pfad mit hohen Kosten verbunden sein kann. Unter GATT existiert eine Reihe von Verboten, deren Nichteinhaltung zu kostspieligen Konsequenzen führen kann. So regelt Art. XI GATT ein generelles Verbot mengenmäßiger Beschränkungen, Art. I GATT die Meistbegünstigung und Art. III GATT die Inländergleichbehandlung. Einerseits kommt es immer wieder zu Verstößen gegen diese Regeln, doch die Kosten können sehr hoch sein, weil diese Verstöße nicht legitim sind.

„In the terms of Prisoner's Dilemma, the situation has been transformed from a single-play to an iterated game. In market-failure terms, the transaction costs of certain possible bargains have been increased, while the costs of others have been reduced."[162]

Andererseits ermöglichen internationale Organisationen es den nationalen Regierungen, die Vorteile der potenziellen Skalenerträge bei den Verhandlungen für weitere Vereinbarungen zu nutzen. Ist das Abkommen erst einmal geschlossen, sinken die Grenzkosten der Verhandlungen innerhalb des Systems.[163]

Abgesehen von den Transaktionskosten und den Haftungsverpflichtungen als grundlegende Elemente in der Theorie des Marktversagens spielen die Informationsunsicherheiten eine nicht von der Hand zu weisende Rolle. Die Marktsituation, in der sich interagierende Parteien befin-

---

160 Vgl. Lowry, S.T. (1976): Bargain and Contract Theory in Law and Economics, in: Samuels, S. 276.
161 Vgl. Keohane, R.O. (2005), S. 89.
162 Ebd., S. 90.
163 Vgl. ebd.

den, ist durch Informationsasymmetrie gekennzeichnet. Während der Verhandlungen sind die Informationen asymmetrisch verteilt, was systematische Anreize zur Verhaltensverzerrung entstehen lässt, sodass Regierungen mit größerem Informationsbestand den günstigen Umstand zur eigenen Besserstellung nutzen und somit einen effizienten Situationsausgang verhindern können.[164] Große Informationsasymmetrien vermögen eine Drift weg vom kooperativen Pfad zu verursachen und die Staaten zurück in eine ineffiziente One-Shot- Gefangenendilemma-Situation zu versetzen. Internationale Regime können auch in dieser Situation als Informationsversorger dienen und somit das Risiko der Abkommen minimieren.[165] Sie sammeln, kategorisieren und kodifizieren Normen und Regeln, die Transparenz stiften, die sowohl kooperative als auch defektive Aktionen registrieren kann.[166]

8.4 Freifahrerverhalten und Verhandlungsprobleme

Die Konstruktion einer internationalen Organisation kann in vielerlei Hinsicht behilflich sein, wobei ihre richtige Ausgestaltung auf dem Weg zur Kooperationsförderung von entscheidender Bedeutung ist. Weil die multilateralen Organisationen in der Regel viele Mitglieder haben, kann dies u. U. bei der Kooperationsaufrechterhaltung hinderlich sein.[167] Es können nicht nur zahlreiche Interessenkonflikte, Unsicherheiten über die Präferenzstrukturen anderer Kooperationspartner, sondern auch die Möglichkeit eines verdeckten Freifahrerverhaltens entstehen.[168] Zwar kann ein internationales Regime diesen Problemen durch die Einrichtung starker Kontroll- und Sanktionsmechanismen vorbeugen, ein solches Unterfangen könnte allerdings sehr kostspielig sein. Es gibt u. a. eine Möglichkeit, die mit Streitpotenzial geladenen Verhandlungsthemen an eine kleine Gruppe zu delegieren, um so die Transaktionskosten der Entscheidungsfindung zu senken. Die Entscheidungsfindung geschieht auf der bilateralen Ebene, ihre Reichweite hat aber multilateralen Charakter. Mit anderen Worten, die Staaten können bestimmte Abkommen bilateral aushandeln und diese dann auf die übrigen Mitglieder ausweiten. Unter GATT verhandelten nur einige Mitglieder de facto über die Abkommen, deren Wirkung sich mittels MFN automatisch auf die übrigen Mitglieder erstreckte.[169] Aber auch die Transaktionskosten der Informationsbeschaffung, Sanktionierung oder andere Opportunitätskosten können mit steigender Mitglieder-

[164] Vgl. ebd., S. 94.
[165] Vgl. ebd., S. 101.
[166] Vgl. ebd.
[167] Vgl. Martin, L.L. (1992), S. 773.
[168] Vgl. Oye, K.A. (1985): Explaining Cooperation under Anarchy: Hypotheses and Strategies, in: World Politics, Vol. 38, No. 1, S. 18.
[169] Vgl. Martin, L.L. (1992), S. 773.

zahl wachsen.[170] Die Kosten der Identifizierung des relevanten Spielers, seiner Präferenzen und Strategien nehmen ebenfalls zu. In welchem funktionalen Zusammenhang allerdings die Kosten zur Mitgliederzahl stehen können, ist recht schwierig festzustellen. Es sind sowohl lineare als auch exponentielle Zusammenhänge möglich.[171]

8.5 Zwischenfazit

Internationale Organisationen sollen den Staaten helfen, mit allen geschilderten Problemen besser umgehen zu können. Sie setzen die Gesetze der Kooperationsherausbildung nicht außer Kraft, sondern institutionalisieren sie, um den kooperationsbereiten Staaten eine Informationsplattform zu bieten. Eine ausdrückliche Zustimmung und freiwillige Unterordnung den Prinzipien und Regeln des Regimes gegenüber reduziert das Spektrum des zu erwartenden Verhaltens. Als Folge davon gehen die Unsicherheiten zurück, Asymmetrien verschwinden und Informationen werden für alle Mitglieder verfügbar. Verlinkungen von Themenfeldern innerhalb eines Kontexts erhöhen die Kosten des möglichen Betrugs und der Verantwortungslosigkeit.[172] Feste Beziehungen zwischen den Funktionären auf Regimeebene erhöhen die Abschlusswahrscheinlichkeit von gegenseitig vorteilhaften Abkommen, denn die internationale Kommunikation zwischen den Regierungsvertretern zeichnet sich durch einen kontinuierlichen Austauschprozess aus und vollzieht sich sowohl im formellen als auch im informellen Rahmen. Internationale Regime begünstigen die Kooperationsentstehung und Ausbreitung und minimieren die Wahrscheinlichkeit, in ein Doppelspiel verwickelt zu werden. Ob der Welthandel aus spieltheoretischer Perspektive oder aus der Sicht des Marktversagens betrachtet wird, eine zentrale Botschaft ist dieselbe: Internationale Regime fördern Kooperation durch die Reduktion von Unsicherheiten. Dadurch erhöhen sie das für das Wachstum des Handelssystems notwendige Vertrauen und werden daher für immer mehr Länder attraktiv.[173]

Die Errichtung internationaler Organisationen kann den Kontext der Interaktion so verändern, damit gesteckte Ziele leichter zu erreichen sind. Es existieren Situationen, in denen jene politökonomischen Kräfte prädominieren, die Regeln und Normen entwickeln, die nicht selten wirkungslos und manchmal sogar kontraproduktiv sind und den Zusammenbruch des Systems zur

---

[170] Vgl. Caporaso, J.A. (1992), S. 609.
[171] Vgl. ebd., S. 610.
[172] Vgl. Axelrod, R.; Keohane, R.O. (1985), S. 239.
[173] Vgl. Keohane, R.O. (2005), S. 97.

Folge haben können.[174] Internationale Organisationen haben in letzter Instanz keine Durchsetzungsmacht und vieles hängt von der Selbsterzwingungskraft der jeweiligen nationalen Akteure ab. Iterierte Spiele implizieren zwar Kooperation, aber nicht unbedingt eine multilaterale Kooperation. Mit einer wachsenden Anzahl an Teilnehmern eines Handelsspiels bzw. Handelssystems können sich die Lösungsmengen ebenfalls ändern.[175] Es kommt daher auf die korrekte Ausgestaltung der Organisation an, die sich am Erfolg oder Versagen des Regimes messen lässt. Auf der Basis dieser Erkenntnisse widmet sich die vorliegende Arbeit im nächsten Abschnitt der Ausgestaltung des Welthandelssystems unter GATT und WTO, um zu zeigen, inwiefern die Architektur des seit 1947 existierenden Handelssystems zu mehr Liberalisierung verholfen hat und welche Probleme noch vorhanden sind.

---

[174] Vgl. Axelrod, R.; Keohane, R.O. (1985), S. 251.
[175] Vgl. Caporaso, J.A. (1992), S. 613.

9 Entwicklung des Welthandelssystems

Die grenzüberschreitenden Wirtschaftsbeziehungen reichen weit zurück in die Geschichte und sind kein Phänomen des XX. Jahrhunderts. Sie waren durch starke Volatilität begleitet, weswegen der Gedanke, sie zu regulieren, nicht ganz neu ist. Vor dem Zweiten Weltkrieg handelte es sich allerdings meistens um regionale Kooperationen, wie z. B. die Hanse im XVII. und XVIII. Jahrhundert oder die Internationale Konferenz über Zollformalitäten 1923. Doch die Weltwirtschaftskrise der 1930er-Jahre, verantwortlich für den weltweiten Handelseinbruch, ließ eine Marktregulierung als notwendig erkennen.[176] Die Versuche, den Welthandel zu normalisieren, insbesondere im Rahmen des Völkerbundes,[177] waren lediglich von sporadischem Erfolg gekrönt. Mitte der Dreißigerjahre drehte sich die Situation aus der Wendung der amerikanischen Handelspolitik unter Cordell Hull hin zum Merkantilismus.[178]

Erst nach dem Zweiten Weltkrieg ergriffen Großbritannien und die USA die Initiative zur Gründung eines multilateralen Weltwirtschaftssystems, das aus drei Säulen bestehen sollte, dem Internationalen Währungsfonds, der Internationalen Bank – der Weltbank – und seit 1947 dem allgemeinen Zoll- und Handelsabkommen GATT.[179] Das GATT war keine Institution, sondern ein Verhandlungsprotokoll der Gründerstaaten und sollte erst zusammen mit der Charta und der noch zu gründenden Internationalen Handelsorganisation ITO in Kraft treten. Doch die Gründung der ITO misslang infolge der Ratifikationsverweigerung des amerikanischen Kongresses, woraufhin das GATT nur vorläufig angewendet wurde.[180]

Das multilaterale Handelsabkommen setzte sich das Ziel, den internationalen Handel zu liberalisieren, der auf Grundlage der Gegenseitigkeit durch den Zollabbau und den Abbau anderer Schranken sowie der Beseitigung der Diskriminierung basiert.[181] Die Verhandlungen wurden in Form von Handelsrunden geführt, die dazu genutzt wurden, die Zölle und später nichttarifäre

[176] Vgl. Siebert, H. (1997): Weltwirtschaft, Stuttgart, S. 159.
[177] Vgl. Jackson, J.H. (1998): The World Trade Organization, Constitution and Jurisprudence, London, S. 35; Möller, H. (1960): Internationale Wirtschaftsorganisationen, Wiesbaden, S. 22 ff.
[178] Vgl. Trebilcock, M.J.; Howse R. (1999): The Regulation of International Trade, London, S. 20.
[179] Vgl. Grabenwarter, C.; Griller, S.; Holoubek, M. (2003), S. 143.
[180] Vgl. ebd.
[181] Vgl. Schwartmann, R. (2011/12): Völker- und Europarecht, 8. Auflage, Hemsbach, S. 362.

Handelshemmnisse zu beseitigen. Die Gründer von GATT verfolgten das Ziel, die Fehler aus dem Smoot-Hawley-Act, die zu Handelskriegen geführt haben, in der Zukunft zu vermeiden.[182]

Das GATT etablierte drei fundamentale Funktionen für das internationale Handelssystem. Erstens, ausgehend von der Grundstruktur der internationalen Wirtschaftsbeziehungen, hilft ein Verhandlungsforum, die zusätzliche Handelsliberalisierung voranzutreiben und den Handel zu strukturieren. Seit 1947 bis heute fanden acht Handelsrunden statt und die neunte Doha-Runde läuft seit 2001.[183] Zweitens, es fungiert als Informationsvermittler, das die Abweichungen der jeweiligen nationalen Politik, die den Handel und die eingegangenen Verpflichtungen beeinträchtigt, publik macht. In diesem Sinne fungiert die WTO als eine Transparenz stiftende Institution, die die aus dem Marktversagen resultierenden Unsicherheiten reduzieren kann. Zu diesem Zweck wurde Trade Policy Review Mechanism (TPRM) eingerichtet, der ein Mandat besitzt, die jeweiligen nationalen Politiken auf ihre Übereinstimmung mit den eingegangenen Verpflichtungen zu überprüfen.[184] The Advisory Center on WTO Law versorgt die Mitglieder mit notwendigen Informationen über den Grad der Vertragsverletzung und assistiert ihnen rechtlich bei der Durchsetzung ihrer Marktzugangsrechte vor Gericht.[185] Zusätzlich fördert die Existenz der multilateralen Organisation eine Reihe von Initiativen, wie z. B. Global Subsidies Initiative und Global Antidumping Database, die den WTO-Rahmen zur Datensammlung nutzen, um das durch Informationsasymmetrie entstandene Marktversagen zu adressieren.[186]

Drittens, das GATT bietet eine Plattform an, die die Mitgliedsstaaten nutzen können, um Streitigkeit zu überwinden.[187] Zu diesem Zweck sah GATT den sog. Dispute Settlement Mechanism vor, der unter der WTO mit einigen Prozessänderungen vom Dispute Settlement Body (DSB), einem eigenständigen Streitbeilegungsorgan, übernommen wurde.[188]

9.1 Regeln und Prinzipien des GATT und der WTO

Die Gründung des Abkommens ging mit der Übernahme der Basisregeln und Normen sowie der Konstituierung des Forums für Streitschlichtung einher. Die wichtigsten GATT-Regeln betreffen

[182] Vgl. Grabenwarter, C.; Griller, S.; Holoubek, M. (2003), S. 142.
[183] Bown, C.P. (2009), S. 10.
[184] Vgl. ebd., S. 218.
[185] Vgl. ebd., S. 140.
[186] Vgl. ebd., S. 230.
[187] Vgl. ebd., S. 3.
[188] Vgl. Grabenwarter, C.; Griller, S.; Holoubek, M. (2003), S. 159.

die Reziprozität und zwei Nichtdiskriminierungsprinzipien, nämlich MFN und National Treatment.[189] Die Präambel des WTO-Übereinkommens könnte als ein Verhaltens- bzw. Normenkodex interpretiert werden, in dessen Dramaturgie die für die Handelsliberalisierung und Kooperationsförderung notwendigen Maßnahmen ausgelegt werden. Dies beruht

„[...] in dem Wunsch, zur Verwirklichung dieser Ziele durch den Abschluß von Übereinkünften beizutragen, die auf der Grundlage der Gegenseitigkeit und zum gemeinsamen Nutzen auf einen wesentlichen Abbau der Zölle und anderer Handelsschranken sowie auf die Beseitigung der Diskriminierung in den internationalen Handelsbeziehungen abzielen [...]"[190]

Das fundamentale Prinzip der Reziprozität findet interessanterweise in keinem der GATT-Artikel seinen Niederschlag. Vielmehr fließt es in das Abkommen auf unterschiedliche Art und Weise sowohl formell als auch informell ein. Einerseits verstehen sich die Verhandlungsrunden als ein auf formaler Reziprozität basierendes Liberalisierungsverfahren, andererseits wird dieses Prinzip nach Abschluss des jeweiligen Abkommens informell angewendet. Weicht das Mitgliedsland auf der einen Seite von seinen Zugeständnissen in Bezug auf die festgelegte Zollobergrenze ab, erhalten die negativ beeinflussten Handelspartner die Erlaubnis zur Verhandlung des Marktzuganges in einem anderen Segment. Übt das GATT-Mitglied auf der anderen Seite illegale Praktiken aus und strahlt somit einen externen Effekt auf den Handelspartner aus, kann der Geschädigte im Rahmen des Streitschlichtungsverfahrens auf den ihm zugefügten Schaden reziprok mit Bestrafung antworten.[191] Das Regime baut somit auf der TFT Strategie auf. Die Reziprozität findet nicht nur bei Zugeständnissen in den Verhandlungsrunden statt, sondern auch, wenn es zwischen Kooperationspartnern zum Disput kommt. Das zweite fundamentale Prinzip des GATT ist das MFN konforme Verhalten. Nach der Meistbegünstigungsklausel, geregelt in Art. I GATT, ist jedes Mitglied dazu verpflichtet, jedem anderen Mitglied die gleichen Vorteile für gleichartige Waren in Bezug auf Zölle und Gebühren einzuräumen, die es einem bestimmten, anderen Land gewährt.[192] Aus diesem zentralen Grund erfreut sich wahrscheinlich die GATT-Mitgliedschaft einer zunehmenden Beliebtheit.

Auch das Prinzip der Nichtdiskriminierung ist eine automatische Folge des multilateralen Charakters des Handelssystems. Die Idee dabei ist relativ einfach. Sobald eine ausländische Ware die

---

[189] Vgl. Bown, C.P. (2009), S. 15.
[190] Schwartmann, R. (2011/12), S. 344.
[191] Vgl. Bown, C.P. (2009), S. 16.
[192] Vgl. Art. I GATT 1947; http://www.wto.org/english/thewto_e/ whatis_e/tif_e/ fact2_e.htm# non-discrimination, abgerufen am 30.07.2012.

Grenze des Importmarktes überschritten hat, ist sie genauso wie inländische Waren zu behandeln. Diese Nichtdiskriminierungsklausel ist daher notwendig, um die diskretionäre Handelspolitik der Nationalregierungen in Form von Gebühren und Subventionen nach dem einmal genehmigten Marktzugang zu unterbinden.[193] Die Tatsache, dass die Anwendung des Prinzips der Nichtdiskriminierung ausschlaggebend ist, spiegelt sich in den zahlreichen formalen Streitigkeiten zwischen den Mitgliedern wider.[194]

9.2 Besonderheiten der Verhandlungsrunden unter GATT

Die GATT-Verhandlungen seit 1947 haben viele Bereiche der wirtschaftlichen Aktivität liberalisiert. Gleichzeitig stieg auch die Anzahl der Mitglieder des Systems. Tabelle 2 zeigt die Dauer und den Inhalt der GATT-Verhandlungsrunden sowie die Anzahl der involvierten Vertragsparteien.[195] Wie anhand der Ausführungen der Kapitel 4 und 5 ersichtlich, gab es einen durchaus starken Liberalisierungstrend sowohl bei den GATT-Mitgliedsländern als auch außerhalb des Systems, was auf eine starke unilaterale Liberalisierungsdynamik hinweist. Beim zweiten Hinsehen tauchen allerdings große Asymmetrien auf, die möglicherweise ein Grund zur Sorge sein könnten.

Wie einleitend angesprochen, haben seit 2001 anhaltende Verhandlungen nicht nur keine Ergebnisse hervorgebracht, sondern zu einer sehr angespannten Situation zwischen Entwicklungsländern und Industrieländern geführt. Die Zielsetzung der Doha-Runde bestand darin, Entwicklungsländer in die Weltwirtschaft zu integrieren.[196] Als besonders problematisch erwies sich dabei das Thema Landwirtschaft, bei dem bis heute noch keine Einigung erzielt werden konnte. Zusammen mit der allgemeinen Reduktion der Zölle auf Agrarprodukte fordern die Entwicklungsländer vonseiten der Industrieländer einen drastischen Abbau von Exportsubventionen und internen Schutzmaßnahmen. Die USA und die EU scheinen allerdings nicht bereit zu sein,

---

[193] Vgl. Bown, C.P. (2009), S. 17.
[194] Vgl. Hoekman, B. (2011): Proposals for WTO Reform. Synthesis and Assessment, in: Policy Research Working Paper 5525, S. 2.
[195] Tabelle 2.
[196] Vgl. Rose, A.; Moser, C. (2012): Why do trade negotiations take so long?, on: http://www.voxeu.org/article/why-do-trade-negotiations-take-so-long, abgerufen am 30.07.2012.

heimische Agrarsubventionen zu kürzen. Aber auch die Entwicklungsländer, insbesondere Brasilien und Indien, weigern sich, ihre Märkte für Industriegüter zu öffnen.[197]

Das GATT-System wird sehr oft für seine Gestaltungsfehler kritisiert. Einerseits wird eine Menge Kritik an der Existenz vieler Ausnahmeklauseln geübt, die sowohl das Freifahrerverhalten begünstigen als auch viele getroffene Vereinbarungen außer Kraft setzen können. Andererseits wird die Funktionsweise der Verhandlungsrunden kritisiert, insbesondere in Bezug auf die Rolle der Entwicklungsländer unter GATT. Subramanian und Wei bezeichnen daher das GATT als:

„[...] two-tier organization [...]“[198]

Diese Fehler führten zu einigen zu beobachtenden Asymmetrien. Die Industriestaaten haben über die Verhandlungsrunden hinweg ein viel größeres Spektrum an Liberalisierungsverpflichtungen entwickelt als die Entwicklungsländer. Sie reduzierten ihre Zölle von durchschnittlich 15 % im Jahr 1947 auf ca. 4,5 % in 2001.[199] Im Vergleich dazu hatten die Entwicklungsländer eine Sonderstellung inne und unterlagen einigen ganz wenigen bis gar keinen Liberalisierungsverpflichtungen. Bis zur Uruguay-Runde partizipierten diese Länder nicht an den Zollliberalisierungen, vielmehr haben sie weniger als ein Drittel aller Tariflinien liberalisiert, verglichen mit 85 % der Industrieländer.[200] Dies ist auch verständlich, denn die zur Debatte stehenden Themen stellten größtenteils kein Interesse für den Exportsektor der Entwicklungsländer dar. Daraus abzuleiten ist eine zweite Problematik, die unmittelbar aus den GATT-Verhandlungsrunden erwachsen ist, nämlich die ungleichen Zollmuster quer durch die Wirtschaftssektoren. Da die Liberalisierung vieler Bereiche auf einer freiwilligen Basis erfolgt ist, sind schlussendlich nur jene Sektoren liberalisiert worden, die von einem gemeinsamen politischen Interesse bzw. der Stärke der Lobbygruppen der verhandelnden Parteien waren und keine negativen Effekte auf Drittparteien

---

[197] Vgl. Falke, D. (2009): Perspektiven für die Liberalisierung des Welthandels Bundesverband des Deutschen Groß- und Außenhandels e.V., Berlin, S. 2.
[198] Subramanian, A.; Wei, S.-J. (2006): The WTO Promotes Trade, Strongly But Unevenly, in: NBER Working Paper 10024, S. 4.
[199] Tabelle 3.
[200] Tabelle 4.

ausstrahlten.[201] So bildeten sich insbesondere in den Kategorien landwirtschaftlicher und nicht-landwirtschaftlicher Güter in den Industriestaaten große Diskrepanzen.[202] Da die größten Industrieländer einen wichtigen Importmarkt für landwirtschaftliche Erzeugnisse darstellen, ist es interessant, die Zollsatzunterschiede in den Sektoren genauer zu betrachten. Der durchschnittliche Zollsatz auf landwirtschaftliche Erzeugnisse ist in den USA doppelt so hoch wie auf nicht-landwirtschaftliche Güter; in Japan ist der Unterschied neun Mal höher.[203] Faktisch blieben diese Sektoren über ca. 60 Jahre der GATT-Geschichte bestehen, weil sie durch eine Vielzahl an Ausnahmeregelungen geschützt waren.

9.3 Probleme der WTO

Durch die Gründung der WTO ist der Liberalisierungsprozess nicht leichter geworden. Nach acht Runden multilateraler Verhandlungen wird quer durch Länder und Industrien ein Muster an Importprotektion beobachtet.[204] Zusätzlich dauert die erste WTO-Verhandlungsrunde ergebnislos schon fast elf Jahre. Es lässt sich nicht eindeutig feststellen, warum die WTO-Verhandlungen ins Stocken geraten sind. Eine zentrale Vermutung liegt teilweise in den unter GATT geschaffenen Fehlanreizen begründet, sodass die Reziprozitätsnorm nicht von allen Mitgliedern gleichermaßen angewandt wurde. Eine Reihe von Sonderregelungen, wie *Special and Differential Treatment,* ermöglichte es den Entwicklungsländern, ihre politisch relevanten Kernsektoren unter der Nutzung von Ausnahmeklauseln, wie Art. XII GATT, Art. XVIII GATT, von einer Liberalisierung fernzuhalten.[205] Zusätzlich erlaubte die sog. Ermächtigungsklausel eine präferenzielle Zollliberalisierung, was das Prinzip des MFN unterminierte. Es kam am 1. Januar 1995 noch kritischer, als mit dem Abschluss der Uruguay-Verhandlungsrunde das „Übereinkommen zur Errichtung der Welthandelsorganisation" (ÜWTO) von den Vertragsparteien des GATT die Welthandelsorganisation WTO ins Leben gerufen wurde. Die WTO übernahm die Verträge von GATT, GATS und andere Verträge zur Koordination des weltweiten Handels, die Beratung der Länderspitzen in handelspolitischen Fragen sowie die Schlichtung der Streitigkeiten zwischen

---

[201] Vgl. Ludema, R.D. and Mayda, A.M. (2006): The Free-Riding Effect of the MFN Clause: Evidence Across Countries, auf: http://www.haveman.org/EITI07/ludema.pdf, S. 2, abgerufen am 30.07.2012; Baldwin, R. (2010): Understanding the GATT's wins and the WTO's woes, in: CEPR, Nr. 49, S. 2; Zahrnt, V. (2005): Strukturelle Probleme zukünftiger WTO-Verhandlungen, in: AUSSENWIRTSCHAFT Schweizerische Zeitschrift für internationale Wirtschaftsbeziehungen, Vol. 60, Issue 2, S. 217; Subramanian, A.; Wei, S.-J. (2006), S. 6.
[202] Tabelle 5.
[203] Tabelle 6.
[204] Vgl. Bown, C.P. (2009), S. 35.
[205] Vgl. ebd., S. 34.

den Organisationsmitgliedern. Gleichzeitig wurden einige Änderungen im Verhandlungsprozess und dem Streitschlichtungsverfahren beschlossen.[206] Da lange Zeit keine Einigung mittels der bewährten internen Praktiken zu erzielen war, wurde das Prinzip des Single Undertaking und DSU auf Druck der Exporteure-Lobby in den Industrieländern implementiert, was bedeutete, dass von nun an große Themenblöcke zu beschließen waren und die Abstimmungen einvernehmlich mit zwingender Beteiligung erfolgen sollten. Bei Nichtratifizierung drohten die Industrienationen, das GATT zu verlassen und das MFN-Prinzip abzuschaffen.[207]

---

[206] Vgl. Grabenwarter, C.; Griller, S.; Holoubek, M. (2003), S. 159.

[207] Vgl. Stoler, A. (2008): Breaking the Impasse: A Critical Mass Approach to Multilateral Trade Negotiations, in: CPP Symposium on the Future of the Multilateral Trade System, S. 4; Baldwin, R. (2010), S. 4.

10 Der Two-Level-Ansatz der internationalen Verhandlungen

Die Verhandlungsrunden bieten ein Forum für die Mitglieder, um gemeinsame Liberalisierungsschritte vorzunehmen. Wie allerdings die Geschichte von GATT zeigt, kam eine Reihe von multilateralen Abkommen „quasi" plurilateral durch Ratifizierung einer kleinen Gruppe von Industrieländern zustande.[208] Die ausgehandelten Konditionen erstreckten sich auf die übrigen Mitglieder. Eine Änderung der Verhandlungsmodalitäten mit dem Abschluss der Uruguay-Runde und dem Beginn der Doha-Runde und somit die Erweiterung der Verpflichtungszusagen aller WTO-Mitglieder bei breit angelegter Themenbehandlung verursacht genau jene problematischen Situationen in der multilateralen Kooperationsentwicklung, die in Kapitel 8.4 angesprochen wurden.[209] Der seit Jahrzehnten praktizierte sog. „critical mass"-Ansatz wurde durch den neuen „Take-it-or-Leave-it"-Ansatz ersetzt.[210] Warum die Implementierung der neuen institutionellen Norm im Hinblick auf die Erfolgserreichung problematisch ist, lässt sich anhand des sog. Two-Level-Game-Ansatzes relativ erschöpfend beschreiben.

Putman behauptet, die Einschränkung der Verhandlungen auf internationaler Ebene sei für die Erklärung zwischenstaatlicher Kooperation nicht ausreichend.[211] Besondere Bedeutung bei der Evaluierung der Verhandlungsergebnisse komme daher dem Zwischenspiel der innenpolitischen und außenpolitischen Dimensionen zu. Er unterscheidet zwischen der Ebene I, der sog. zwischenstaatlichen Verhandlungsebene, und der Ebene II, einer innerstaatlichen Ebene.[212] Die Verhandlungen finden parallel auf beiden Ebenen statt. Während sich die Verhandlungen auf der Ebene I abspielen, haben die Verhandlungsführer auch die Ebene II bei ihrer Entscheidung zu berücksichtigen, denn die nationalen Parlamente müssen internationale Entscheidungen auf der nationalen Ebene ratifizieren.[213] Jene Ergebnisse, die nicht ratifizierungsfähig sind, können zu Blockaden auf der nationalen Ebene führen und den Politikern Wählerstimmen kosten. Es kommen daher jene Abkommen zustande, deren ratifizierungsfähige Teile, die sog. „win-sets", sich überlappen. Putman behauptet, beim Zustandekommen eines Abkommens komme es auf die Größe der „win-sets" an. Je größer die „win-sets", desto wahrscheinlicher das Abkommen. Je kleiner wiederum die „win-sets", desto kleiner ist die Wahrscheinlichkeit des erfolgreichen

[208] Vgl. Baldwin, R. (2010), S. 2.
[209] Vgl. Stoler, A. (2008), S. 1.
[210] Vgl. Baldwin, R. (2010), S. 5.
[211] Vgl. Putman, R.D. (1988): Diplomacy and Domestic Politics: The Logic of Two-Level Games, in: International Organization, Vol. 42, No. 3, S. 430.
[212] Vgl. ebd., S. 436.
[213] Vgl. ebd.

Verhandlungsausgangs.[214] Hierbei kann es zu einem unfreiwilligen Verhandlungsabbruch kommen. Dies ist dann der Fall, wenn auf der internationalen Ebene ein für möglich gehaltenes Abkommen durch Ratifizierungsschwierigkeiten des Verhandlungspartners nicht abgeschlossen werden kann.[215] Ein kleines „win-set“ kann allerdings als wirkungsvolles Instrument in den Verhandlungen eingesetzt werden. Der Verhandlungsführer kann auf die Gefahr der Nicht-Ratifizierbarkeit des Abkommens auf der nationalen Ebene verweisen und somit den Kontrahenten mit einem größeren „win-set“ taktisch in die gewünschte Richtung beeinflussen.[216] Auch die Interessenausrichtung der potenziellen Wählerschaft und Interessengruppierung haben einen Einfluss auf das „win-set“. Je homogener die Gruppen sind, desto kleiner ist das „win-set“.[217]

Anhand zahlreicher theoretischer Überlegungen des Two-Level-Game-Ansatzes lässt sich die aktuelle Situation der Verhandlungen unter WTO erklären. Die Problematik des WTO-Verhandlungsansatzes liegt darin begründet, dass die Ratifizierung auf der Ebene II durch die Verengung der Handlungsalternativen für Entwicklungsländer erschwert wurde. Viele politisch sensible Themen waren unter GATT nicht berührt. Es fand größtenteils eine unilaterale Liberalisierung statt, sowohl aufseiten der Industrieländer als auch aufseiten der Entwicklungsländer.[218] Die aktuelle Situation der Verhandlungsmodalitäten wird durch die Komplexität der Verhandlungsthemen und die große Zahl der WTO-Mitglieder zusätzlich erschwert.

---

[214] Vgl. ebd., S. 437.
[215] Vgl. ebd., S. 438.
[216] Vgl. ebd., S. 452.
[217] Vgl. ebd., S. 444.
[218] Vgl. Bown, C.P. (2009), S. 36.

11 Asymmetrie der Liberalisierung unter GATT

Ausgehend von den geschilderten Diskrepanzen im Liberalisierungsprozess unter GATT haben Subramanian und Wei eine auf dem Gravitationsmodell basierende empirische Untersuchung durchgeführt und mit den geschilderten Problematiken qualitativ konsistente Ergebnisse erzielt.[219] Unter Nutzung der Handelsdaten von 1950 bis 2000 und mit der gleichen Fragestellung wie Andrew Rose fanden sie heraus, dass der Liberalisierungseffekt der Mitgliedschaft im GATT-/WTO-System ausschließlich damit zusammenhängt, inwiefern die Mitglieder die Mitgliedschaftsvorteile für sich nutzen, mit wem sie verhandeln und welche Produkte zum Verhandlungsgegenstand werden.[220] Das internationale Handelssystem ist ein sog. „self-help"-System und basiert auf der geschilderten politischen Realität der multilateralen Verhandlungsrunden. Subramanian und Wei haben festgestellt, dass der Effekt der GATT-Mitgliedschaft quer durch Länder und Sektoren variiert.[221] Unter Beachtung der GATT-Sonderregelungen für Entwicklungsländer haben sie einen signifikanten Unterschied in der Importintensität zwischen den Industriestaaten sowie zwischen Industrie- und Entwicklungsstaaten herausgefunden. Die mangelnde Beteiligung der Entwicklungsländer an der reziproken Zollsenkung führte dazu, dass der Handel zwischen Industrie- und Entwicklungsländer zurückging. Dabei liegt die Vermutung nahe, dass jene Sektoren betroffen sind, die von Protektionsinteresse für die Entwicklungsländer waren.[222] Als Folge davon handeln die Industrieländer also c. p. untereinander mehr als mit den Entwicklungsländern. Der Handel zwischen den industrialisierten WTO-Mitgliedern hat seit Gründung des GATT zugenommen und liegt ca. 40 % höher als der Handel mit den Entwicklungsländern.[223] Trotzdem ist der geschätzte Parameter der Industrieländerimporte aus den Entwicklungsländern positiv und signifikant hoch, was darauf zurückzuführen ist, dass sich die Exportzusammensetzung beider Ländergruppen dank des MFN-Prinzips überschneidet.[224]

Hat demzufolge das GATT-/WTO-Regime die Liberalisierung gefördert, dann soll dieser Effekt zwischen den Sektoren variieren. Nach Subramanian und Wei liegt die Stärke des Regimeeffekts zwischen einem negativen bis gar keinem Effekt auf Landwirtschaft und Textilindustrie und

---

[219] Vgl. ebd., S. 42.
[220] Vgl. Dutt, P.; Mihov, I.; Van Zandt, T. (2011): Does the WTO matter?, on: http://www.voxeu.org/article/does-wto-matter, abgerufen am 30.07.2012.
[221] Vgl. Subramanian, A.; Wei, S.-J. (2006), S. 13.
[222] Vgl. ebd., S. 15.
[223] Vgl. Evenett, S. J. (2005): What is known about the Effects of WTO Accession on Developing Countries? A brief Overview of the Literature, University of St. Gallen and The Brookings Institution, S. 3.
[224] Vgl. Subramanian, A.; Wei, S.-J. (2006), S. 15.

einem positiven auf dem Sektor des verarbeitenden Gewerbes.[225] Des Weiteren wurde die Auswirkung des Regimewechsels auf Handelsliberalisierung geprüft. Der signifikante Liberalisierungseffekt für die Entwicklungsländer entfaltete sich mit dem WTO-Beitritt nach dem Abschluss der Uruguay-Runde. Zwar sind die Koeffizienten für die neuen Mitglieder im Jahr 1995 klein und insignifikant geworden, dieser Umstand ist aber auf den Fünfjahreslag zwischen der WTO-Mitgliedschaft und dem Wirksamwerden der Liberalisierungsschritte zurückzuführen.[226] In der entsprechenden Regressionsgleichung für das Jahr 2000 zeigen die Wissenschaftler, dass alle Koeffizienten für die Neumitglieder der WTO positiv und signifikant unterschiedlich von denen der Altmitglieder sind.[227] Eine mögliche Erklärung dafür sind verschärfte Aufnahmebedingungen in die WTO verbunden mit der Übernahme aller Liberalisierungsverpflichtungen.[228]

Die Liberalisierung unter GATT ist demnach asymmetrisch verlaufen. Die Reziprozität zwischen den Industrieländern zahlte sich durch eine weitgehende Handelsliberalisierung aus. Einerseits profitierten die Entwicklungsländer von dem System, insbesondere von dem MFN Prinzip, sodass ihre Exporte in die Industriestaaten um das Anderthalbfache gestiegen sind.[229] Andererseits blieben viele Bereiche trotz unilateraler Liberalisierung aufgrund des GSP weiterhin geschützt. Interessant ist außerdem die Rolle der Nicht-Mitglieder im internationalen Handel. Auch hier konstatieren Subramanian und Wei genauso wie Rose eine einseitige Erweiterung des MFN-Prinzips. Der Handel ist allerdings nicht so intensiv wie zwischen den Mitgliedern. Vermutlich haben nicht alle Einfuhrprodukte von der Meistbegünstigung profitiert, weil sie nicht Gegenstand der Verhandlungsrunden waren.[230]

Das Problem der multilateralen Handelsbeziehungen ist nicht einfach zu lösen. Das Prinzip der Reziprozität bei den Liberalisierungsrunden wurde jahrelang von vielen Entwicklungsländern durch eine Reihe von Ausnahmeklauseln ausgehebelt. Die neuen Modalitäten der WTO versuchen diese Diskrepanzen durch die Schaffung eines strengeren, legalen Rahmens zu korrigieren, insbesondere die Entwicklungsländer dazu zu zwingen, eine verpflichtende, im Rahmen der WTO-Verhandlungsrunden ausgehandelte Zollsatzreduktion vorzunehmen. Das kann aufgrund der Erkenntnisse des Two-Level-Ansatzes sehr langwierig und kostspielig werden. Die Doha-

---

225 Vgl. ebd., S. 20; Bown, C.P. (2009), S. 42.
226 Vgl. Subramanian, A.; Wei, S.-J. (2006), S. 21.
227 Vgl. ebd., S. 22.
228 Vgl. ebd.
229 Vgl. ebd., S. 24.
230 Vgl. ebd., S. 15.

Runde ist ein gutes Beispiel dafür. Zu fragen ist, ob der Schritt hin zu mehr Legalisierung und „Totalisierung“ des Liberalisierungsprozesses sinn- und wirkungsvoll ist. Eine Erklärung dafür liegt einerseits in dem Wunsch, das jahrzehntelange Freifahrerproblem zu lösen, andererseits durch die Erzwingung formeller Verpflichtungen die Erwartung einer Regelabweichung zu minimieren, um somit die Investitionsvorhaben der Exporteure im Ausland zu fördern. Nur jene Verträge könnten zum Gegenstand des WTO-Disputs werden, die zuvor formal und verbindlich abgeschlossen worden seien, wird argumentiert.[231]

Reziproke Handelsliberalisierung kann aus einer Eigendynamik entstehen. Sobald eine kritische Masse an Wiedertreffwahrscheinlichkeit erreicht ist, zahlt sich Kooperation immer aus. Diese Masse kann wachsen, sofern Handelsakteure Fähigkeiten zum Beobachten und Einprägen der Interaktionen Dritter sowie zum Aufbau eines eigenen Rufes besitzen.[232] Die Rolle der WTO ist daher darin zu sehen, diese Fähigkeiten für die kooperationssuchenden Länder bereitzustellen und ein transparentes Handelsumfeld zu schaffen, in dem sich Kooperation eigendynamisch entwickeln kann. Eine Liberalisierungserzwingung, wie sie die WTO mit den Verhandlungsmodalitäten zu erreichen versucht, hat allem Anschein nach einen behindernden Effekt und verursacht Kosten, z. B. Verhandlungskosten, oder trägt zu einem fast exponentiellen Anstieg der PTAs bei, die bekanntermaßen handelsablenkende Effekte haben können.[233]

Die Möglichkeit der Vergeltungsmaßnahmen in wiederholten Spielen sollte doch die Regierungen davon abschrecken, einst multi- oder unilateral angewandte Zollsätze zu revidieren bzw. anderweitige Handelshemmnisse anzuwenden, sodass nicht alle Verträge einer formalen Verhandlung und Verpflichtung bedürfen und somit nicht alle Staaten womöglich Mitglieder werden müssen. Da aber einst beschlossene liberale Handelspolitik dem Druck von externen und internen Einflüssen ausgesetzt und von ihrer Natur nicht langfristig konstant ist, kann eine auf der TFT-Diplomatie basierende Institution als ein Selbstdurchsetzungsmechanismus die Welthandelsliberalisierung fördern.[234]

---

[231] Vgl. Bown, C.P. (2009), S. 37.
[232] Vgl. Elsner, W. (2010), S. 26.
[233] Vgl. Krueger, A.O. (1999): Are Preferential Trading Arrangements Trade-Liberalizing or Protectionist?, in: The Journal of Economic Prospectives, Vol. 13, No. 4, S. 117–118.
[234] Vgl. Dluhosch, B.; Horgos, D.: (2011) (When) Does Tit-for-Tat Diplomacy in Trade Policy Pay Off?, Fächergruppe Volkswirtschaftslehre an der Helmut Schmidt Universität Hamburg, Diskussionspapier Nr. 116, S. 21.

12 Die Rolle des Streitschlichtungsverfahrens in der Handelsliberalisierung

Da ein zentrales Problem der internationalen Beziehungen ein Sanktionsproblem ist, spielen bei der Sicherstellung der Regelkonformität dezentrale „self-enforcing"-Kräfte eine entscheidende Rolle. Eine internationale Organisation wie die WTO mit institutionalisierten Regeln vermag durch die Eingrenzung des erwarteten Verhaltens Unsicherheiten zu reduzieren, die Reputation zu fördern und somit ein Umfeld zu schaffen, in dem Kooperation wahrscheinlicher ist.[235] Wenn die WTO eine bestimmte Rolle in der Handelsliberalisierung spielt, ist es immer noch nicht klar, welche genau und wie diese direkt gemessen werden kann.[236] Das Streitschlichtungssystem generiert sowohl rechtsverbindliche Entscheidungen als auch Reputationsbelange. Eine eindeutige kausale Aussage darüber, ob der Beachtungs- bzw. Nichtbeachtungsgrad der WTO-Entscheidungen den rechtlichen Status der Organisation widerspiegelt oder eine Reputationswertung eines in den Streit involvierten Staates, ist nicht möglich.[237] Die WTO vermag zwar nicht die anarchische Natur der internationalen Beziehungen zu verändern, erhöht dafür aber die Transparenz über die intendierten Strategien, was für die Glaubwürdigkeitsvermittlung sowohl einer Vergeltungsaktion als auch einer Vertragsbindung von essenzieller Bedeutung ist.[238] Wie Axelrod treffend angeführt hat, kann die Reziprozitätsregel kooperationsfördernd sein, wenn die Wiedersehenswahrscheinlichkeit groß genug ist.[239] Es erscheint daher interessant zu sein, in welcher Beziehung das TFT-Verhalten unter der WTO und die Handelsliberalisierung stehen. Eine der Möglichkeiten, diesen Zusammenhang zu analysieren, besteht darin, zu fragen, ob die Häufigkeit der Nutzung des Streitschlichtungsverfahrens eine liberalere Handelspolitik induzieren kann.[240]

Unter der Annahme der Unvollkommenheit der Märkte hat Horgos eine empirische Untersuchung durchgeführt, um herauszufinden, von welchen Parametern das Protektionsniveau eines Landes in einem wiederholten Spiel abhängt.[241] Nach dem von Horgos untersuchten Handelsmodell findet beim Erreichen einer kritischen Masse an Wiedertreffwahrscheinlichkeit ein

---

[235] Vgl. Evenett, S. J. (2005), S. 4; Subramanian, A.; Wei, S.-J. (2006), S. 24.
[236] Vgl. Kono, D.Y. (2007), S. 746.
[237] Vgl. Kono, D.Y. (2007), S. 747.
[238] Vgl.Bowen, T.R. (2010): Limits of the WTO as a Self-Enforcing Institution, in: Stanford Graduate School of Business Working Paper No. 2071, S. 30.
[239] Vgl. Axelrod, R. (1987), S. 53.
[240] Vgl. Dluhosch, B.; Horgos, D., (2011), S. 13.
[241] Vgl. ebd., S. 4.

Wechsel zur kooperationsauslösenden Strategie TFT statt, was im Sinne der Replikatorendynamik zu einem Wachstum der TFT-Strategie benutzenden Akteure führt und somit die Handelsliberalisierung vorantreiben kann.[242] Unter Zuhilfenahme der Daten zu den Streitschlichtungsverfahren aus dem WTO Dispute Settlement Gateway sowie den Economic Freedom Indices von der Heritage Foundation kann deskriptiv die Korrelation zwischen der Häufigkeit der Nutzung des DSP unter der WTO und der Handelsoffenheit der WTO-Mitglieder untersucht werden. Abbildung 12 bestärkt die Intuition eines positiven Zusammenhangs.[243] Mittels der Methode der Kleinsten Quadrate (OLS) untersucht Horgos folgenden funktionalen Zusammenhang:

$$Trade\ Freedom_i = \beta_0 + \beta_1 * Disputes_i + \gamma * X_i + \epsilon_i{}^{244} \qquad (12)$$

mit „Trade Freedom" des Landes *i* als eine endogene Variable, „Disputes" als erklärende Variable, X als eine Matrix mit unterschiedlichen Kontrollvariablen sowie dem Fehlerterm ϵ. Dabei stellt er fest, dass die Häufigkeit des Involvierens in das Streitschlichtungsverfahren zu mehr Handelsfreiheit geführt hat. Die Ergebnisse sind außerdem statistisch signifikant, mit einprozentiger Fehlerwahrscheinlichkeit.[245] Es gibt einige Variationen bei der Disaggregation der Daten nach den Einkommensniveaus der Länder. Die allgemeine Aussage, Länder, die häufiger ins Streitschlichtungsverfahren involviert seien, wiesen eine höhere Offenheit auf, bleibt auch empirisch untermauert.[246]

Eine ähnliche Untersuchung der Bedeutung der Streitschlichtungsmechanismen in unterschiedlichen PTAs auf den Liberalisierungsgrad der involvierten Länder führte Daniel Y. Kono in seiner Arbeit „Making Anarchy Work: International Legal Institutions and Trade Cooperation" durch. Hierbei legte er den Untersuchungsschwerpunkt auf die Rolle des Legalisierungsgrades des Streitschlichtungsprozesses und den Grad der Offenheit der beteiligten Länder.[247] Das Vorhandensein der Streitschlichtungspanels habe grundsätzlich einen signifikanten Effekt auf die Liberalisierung unter den PTA-Mitgliedern,[248] zusätzliche Reformen hin zur Legalisierung der Prozedur erhöhten diesen Effekt nicht, stellte er fest. Daraus leitet er den Vorschlag ab, dass es nicht

---

[242] Vgl. ebd., S. 12.
[243] Abbildung 12.
[244] Dluhosch, B.; Horgos, D. (2011), S. 16.
[245] Vgl. ebd., S. 15.
[246] Vgl. ebd., S. 20.
[247] Vgl. Kono, D.Y. (2007), S. 746.
[248] Vgl. ebd., S. 751.

auf den schärferen rechtlichen Rahmen der Regelerzwingung zur Erreichung eines höheren Liberalisierungsgrades ankommt, sondern auf die Kompatibilität der Institution mit der „anarchischen Natur“ der internationalen Politik.[249] Schlussfolgernd argumentiert er, die DSU-Reformen zur Formalisierung der Panelentscheidungen habe die Leistung des Mechanismus nicht entscheidend verbessert.[250] Die Existenz des Streitschlichtungsmechanismus baut auf dem TFT Verhalten auf und fungiert unterstützend bei der Bildung der Reputation

[249] Vgl. ebd., S. 758.
[250] Vgl. ebd., S. 758.

13 Abschlussbemerkung

Im Rahmen dieser Arbeit wurde der Versuch unternommen, die Bedeutung des Welthandelssystems, verkörpert durch die WTO, zu analysieren. Wie in den ersten beiden Kapiteln gezeigt, existieren internationale Organisationen aus zweierlei Gründen. Einerseits können sie mittels eines verbindlichen Handelsabkommens mit einem effektiven Sanktionsmechanismus die jeweilige nationale Zollsetzungspolitik auf das pareto-optimale Zollniveau führen, was unilateral wegen der ToT-Anreize nicht möglich ist. Andererseits sollen sie den am Freihandel interessierten Staaten die Möglichkeit bieten, glaubwürdige handelspolitische Versprechen an den privaten Sektoren abzugeben.

Eine aktuelle empirische Analyse zeugt allerdings von gewisser Diskrepanz zwischen der Theorie und der Praxis. Rose zeigt anhand des Gravitationsmodells, dass der Handel unter den Mitgliedern nicht intensiver und diametral anders ist als unter den Nichtmitgliedern. Diese Ergebnisse wurden, angeblich mangels der Richtigkeit der getroffenen Annahmen, zunächst kritisiert. Die Anwendung einiger Methoden zur Messung der Handelspolitik einer Volkswirtschaft bestärkt Rose's Aussage, die Nichtmitglieder des Handelssystems würden auch im Kriterium Offenheit sehr gut abschneiden. Der Offenheitsindex der Nichtmitglieder ist überdurchschnittlich hoch und seit der Datenverfügbarkeit gestiegen. Die gleichläufige Handelsintensität der WTO-Mitglieder und Nichtmitglieder desillusioniert die Vermutung, das internationale Handelssystem sei unter GATT/WTO der Garant für höhere Liberalisierung und mehr Handel. Es kam die Frage auf, ob es nicht andere Kräfte sind, die die empirischen Phänomene beschreiben.

Die Theorie der evolutionären Spiele liefert recht fundierte Erkenntnisse, wie Kooperation und ergo liberaler Handel entstehen können. Ausgehend aus einem anarchischen System, mit der Abwesenheit jeglicher supranationaler Organisationen, konnten jene Parameter festgestellt werden, die Kooperation ermöglichen. Unter der Annahme eines wiederholten Gefangenendilemma-Spiels mit der im evolutionären Sinne dominanten Strategie TIT FOR TAT spielt die Wahrscheinlichkeit, denselben Kontrahenten wiederzutreffen, eine zentrale Rolle für eine eigendynamische Kooperationsentwicklung. In einer von der Globalisierung erfassten Welt mit immer mehr Handelsakteuren kann ihre Anzahl zum kritischen Faktor werden. Die Betrachtung der Wiedertreffwahrscheinlichkeit aus der Populationsperspektive lässt erkennen, dass eine wachsende Anzahl an Individuen in einem Spiel die notwendige, kooperationsauslösende kritische Masse schmälern kann. Verfügen allerdings die Spieler über ein längeres Gedächtnis und breitere Beobachtungsmöglichkeiten anderer Interaktionen, kann die Population wachsen, ohne dabei die evolutionäre Stabilität der TFT-Strategie zu behindern. In einem als „anarchisch“ bezeichneten System der internationalen Handelsbeziehungen sind diese Voraussetzungen selten erfüllt. Aus der Sicht des politischen Marktversagens oder der evolutionären Spieltheorie kann der Schluss gezogen werden, eine internationale Institution könne jene notwendige Transparenz schaffen, die für eine langfristige Kooperationsentwicklung förderlich ist. Ihre auf internen TFT-Mechanismen basierende Ausgestaltung und ein korrektes Anreizsystem sind in der Lage, Informationsasymmetrien zu korrigieren und Transaktionskosten für die Normenabweichung zu erhöhen. Problematisch könnte es wiederum werden, wenn die Anzahl der Mitglieder eines Systems wächst. In diesem Fall sind hohe Transaktionskosten sowohl der Regelüberwachung und Sanktionierung als auch der Liberalisierungsverhandlungen vorprogrammiert.

Die Geschichte des Welthandelssystems zeigt ein asymmetrisches Liberalisierungsbild, das oft mangels richtiger Ausgestaltung des GATT mit vielen falschen Anreizen verursacht wurde. Eine Reform des Handelssystems mit der Gründung der WTO scheint mehr Schwierigkeiten in den Liberalisierungsprozess gebracht zu haben, als sie zu lösen in der Lage war. Zu schlussfolgern ist, dass das GATT-/WTO-System zwar die Erwartungen der Länder zu verändern und das Marktversagen zu korrigieren vermag, es verursacht aber durch den Legalisierungsdrang hohe Kosten, die sich u. a. in den Verhandlungskosten niederschlagen. Ein erfolgreicher Ausgang der Doha-Verhandlungsrunde ist unter diesen Umständen nicht zu erwarten.[251] Vielmehr geht der aus politischen Interessen erwachsene Versuch, das anarchische System in ein hierarchisches zu transformieren, in den Regress mit den Handelsinteressen der Nationalstaaten.[252]

Die empirischen Evaluierungen der Rolle des DSP zeigen allerdings eine positive Entwicklung im Sinne der evolutionären Spieltheorie. Die Häufigkeit eines Landes, in Streitschlichtungsverfahren involviert zu werden, korreliert positiv mit der Liberalisierung seiner Handelspolitik, gemessen am Trade Freedom Index. Diese Erkenntnis unterstreicht die Rolle der kritischen Masse, die notwendig ist, um die Kooperationsdynamik langfristig zu sichern. Eine wachsende Anzahl an Streitigkeiten betrifft nicht alle Länder gleichermaßen,[253] die Information, die über die

---

[251] Vgl. Hoekman, B. (2010): The Doha Round impasse and the trading system, on: http://www.voxeu.org/article/doha-round-impasse-and-trading-system, abgerufen am 30.07.2012.
[252] Vgl. Kono, D.Y. (2007), S. 746.
[253] Vgl. Horn, H.; Mavroidis, P.C. (2009): The WTO Dispute Settlement System 1995–2006: Some Descriptive Statistics, pp.1-31, in: Hrsg. Hartigan, C. H.: Trade Disputes and the Dispute Settlement Understanding of the WTO. An Interdisciplinary Assessment, Vol. 6, Bingley, S. 7.

Streitigkeiten gesammelt wird, steht öffentlich auch den Nichtmitgliedern zur Verfügung. Daraus können Regierungen ihre Erwartungen über Interessen und zukünftige Strategien potenzieller Handelspartner bilden und den Handel bei positiver Erwartung mit unilateraler Öffnung beschleunigen. Es ist zwar nicht bekannt, wie groß die kritische Masse an Interaktionswahrscheinlichkeiten mit demselben Staat vor dem Dispute Settlement Body sein soll, um die Kooperationsdynamik in Gang zu setzen oder zu stabilisieren, ein Streitschlichtungsmechanismus, als eine Institution, könnte dabei allerdings eine bedeutende Rolle spielen.

Das internationale Handelssystem, sowohl unter dem GATT als auch unter der WTO, basiert auf den internen spieltheoretischen Mechanismen. Die neue Rolle der WTO, das anarchische System zu legalisieren, stößt an die Grenzen der politischen Kompromissbereitschaft vieler Länder, deren Symptomatik sich in der Verhärtung der Fronten und einer Art Kompromisssackgasse der letzten Verhandlungsrunde widerspiegelt. Die Zukunft der WTO kann womöglich darin gesehen werden, ein Umfeld für die Erleichterung evolutionärer Kooperationsentwicklung zu schaffen und von der Kreierung autoritärer Erzwingungsstrukturen abzusehen.

Anhang

Abbildung 1: Effekt der Zollsetzung auf Welt- und Lokalpreise

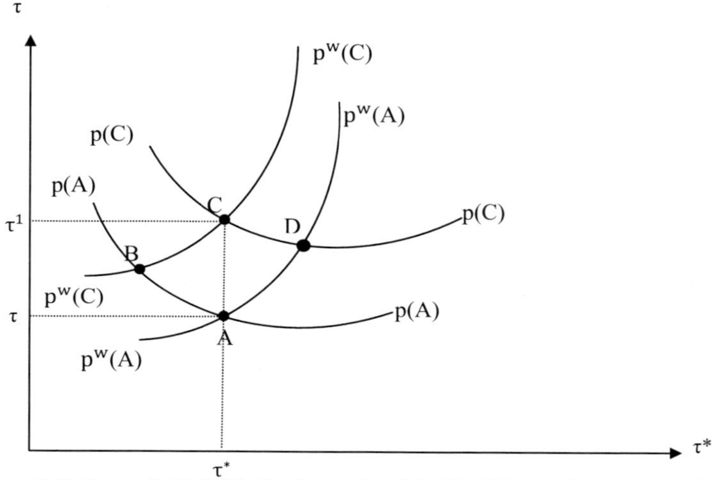

Quelle: Bagwell, K; Staiger, R.W. (2002): The Economics of The World Trading System, Cambridge: MIT Press, S. 20.

Abbildung 2: Optimales Handelsabkommen in der Anwesenheit/Abwesenheit der politischen Zollsetzungsmotive

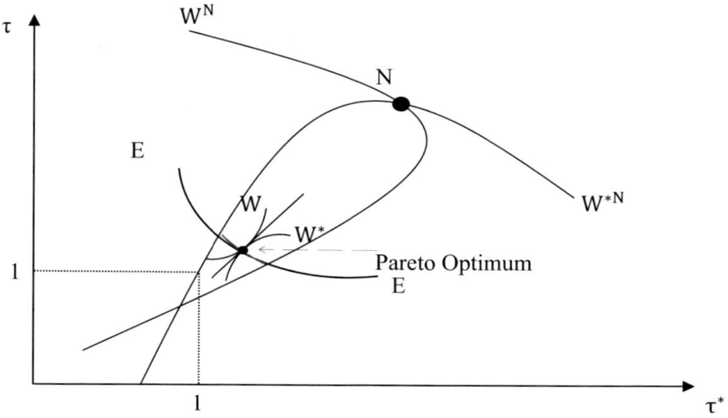

Quelle: Bagwell, K; Staiger, R.W. (2002): The Economics of The World Trading System, Cambridge: MIT Press, S. 27.

Abbildung 3: Kapitalallokation unter Freihandel und in Anwesenheit der Lobbygruppen

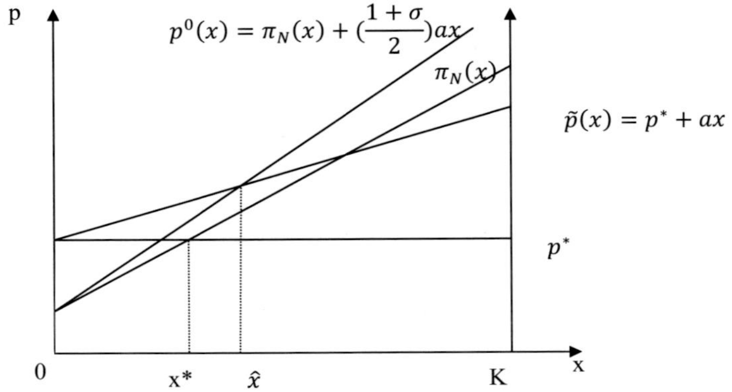

Quelle: Maggi, G.; Rodriguez-Clare, A. (1998): The value of trade agreements in the presence of political pressures, in: Journal of Political Economy, Vol. 106, S. 581.

Abbildung 4: Effekte der Mitgliedschaft in GATT/WTO

	Full model	*Restricted model*
Both participate in the GATT/WTO		
Both formal members	.34 (.03)	
Both nonmember participants	.45 (.07)	.35 (.03)
Formal member and nonmember participant	.38 (.04)	
Only one participates in the GATT/WTO		
Formal member	.20 (.03)	.20 (.03)
Nonmember participant	.17 (.04)	
Reciprocal PTA	.34 (.02)	.34 (.02)
Nonreciprocal PTA	−.05 (.03)	−.05 (.03)
GSP	−.10 (.02)	−.10 (.02)
Currency union	.50 (.09)	.49 (.09)
Colonial orbit	.81 (.08)	.84 (.08)
Log product real GDP	.66 (.01)	.66 (.01)
Standard error of the regression	.94	.94
R^2	.84	.84
N	381,656	381,656

Notes: Estimates from ordinary least squares (OLS) regression. For both models, the unit of observation is the directed dyad and the dependent variable is the natural log of imports (measured in 1967 U.S. dollars). The data cover fifty-nine years and 17,359 directed dyads. Robust standard errors, clustered by directed dyad, appear in parentheses. The restricted model constrains all three measures of "both participate in GATT" to have equal effects and constrains both forms of "only one participates in GATT" to have equal effects. Both models include fixed effects for directed dyads and years.

Quelle: Goldstein, J.L.; Rivers, D.; Tomz, M. (2007): Institution in International Relations: Understanding the Effects of the GATT and the WTO on World Trade, in: International Organization, Vol. 61, S. 54.

Abbildung 5: Offenheit der WTO-Mitglieder und Nichtmitglieder

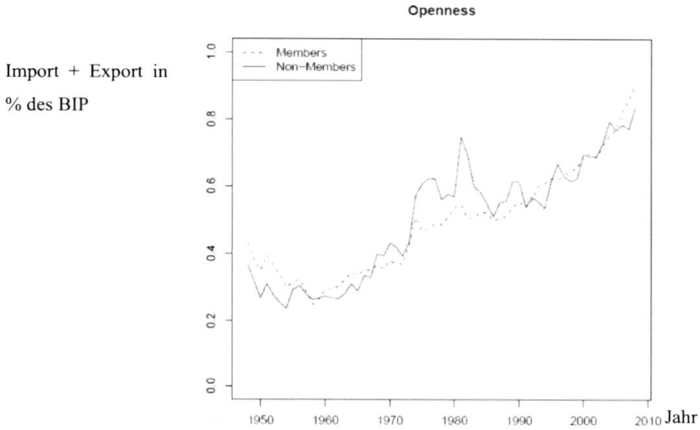

Quelle: Davis, C.L.; Wilf, M. (2011): Joining the Club: Accession to the GATT/WTO, in: Social Science Research Network, S. 11, http://papers.ssrn.com/sol3/papers.cfm?abstract_id=1900340, abgerufen am 30.07.2012.

Abbildung 6: Gesamthandel in % mit GATT-/WTO-Mitgliedern

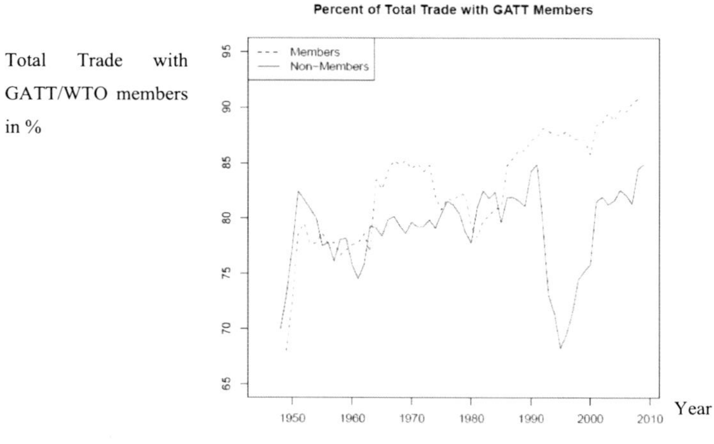

Quelle: Davis, C.L.; Wilf, M. (2011): Joining the Club: Accession to the GATT/WTO, in: Social Science Research Network, S. 11 http://papers.ssrn.com/sol3/papers.cfm?abstract_id=1900340, abgerufen am 30.07.2012.

Abbildung 7: Durchschnittliche angewandte Zollsätze nach Regionen

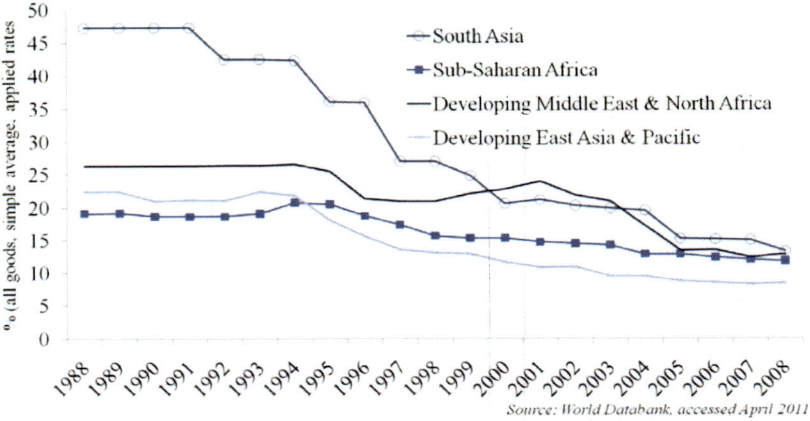

Quelle: World Bank 2011

Fig 1: The liberalizing decades: major economies average applied manufacturing tariffs (%) 1988-2009

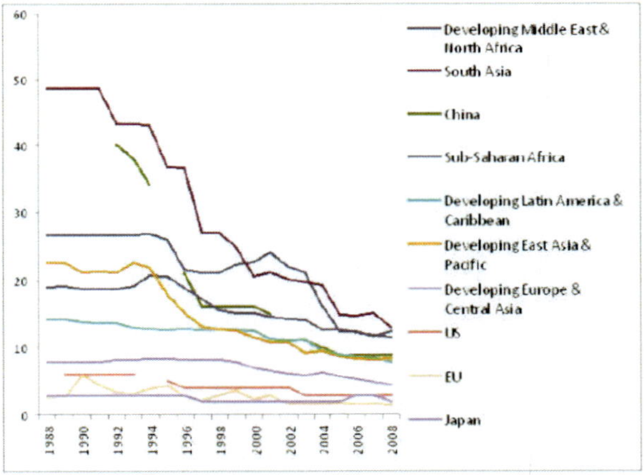

Source: databank.worldbank.org.

Quelle: WTO (2011): World Trade and the Doha Round, Final Report of the High-Level Trade Experts Group, S. 30.

Abbildung 8: Trade Freedom für Nichtmitglieder der WTO

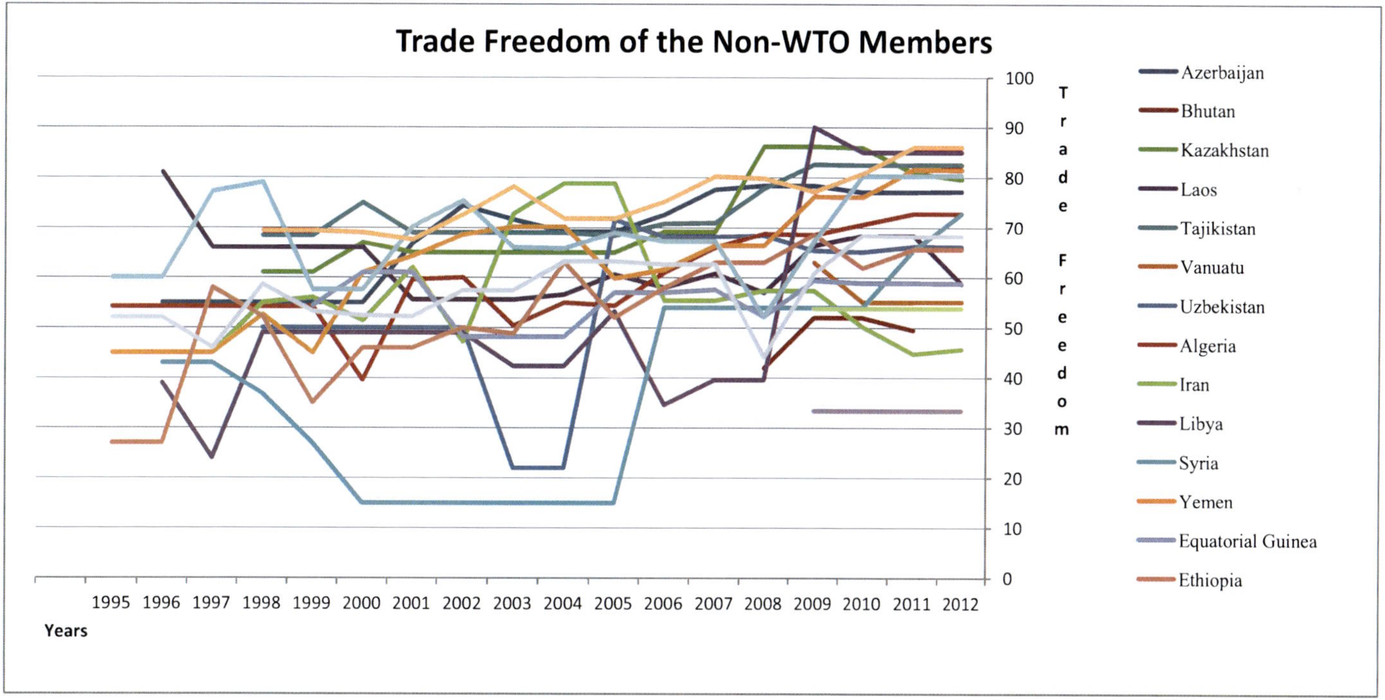

Quelle: http://www.heritage.org/index/explore, eigene Berechnungen.

Abbildung 9: Aggregierter Trade Freedom Index der Nichtmitglieder

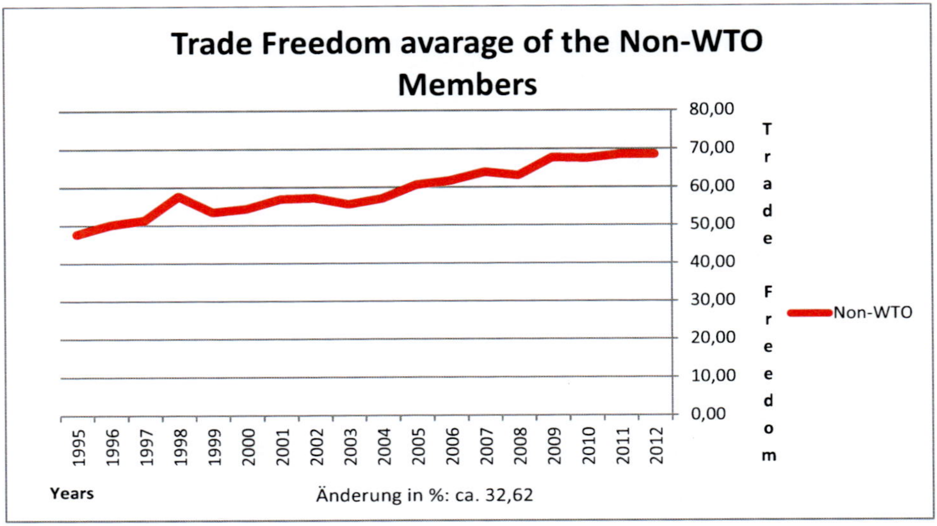

Quelle: http://www.heritage.org/index/explore,eigene Berechnungen.

Abbildung 10: Simulated Ecological Success of the Decision Rules

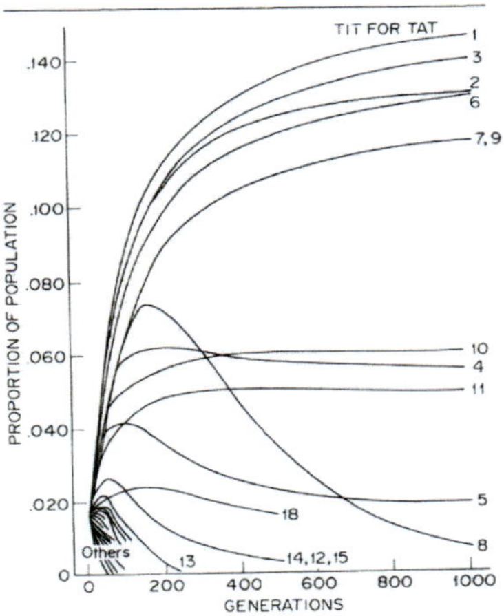

Quelle: Axelrod, R. (1980): More Effective Choice in the Prisoner's Dilemma, in: The Journal of Conflict Resolution, Vol. 24, Nr. 3, S. 400.

Abbildung 11: Die Pay-Off Funktionen von TFT vs. ALL D in Abhängigkeit von der Populationsgröße

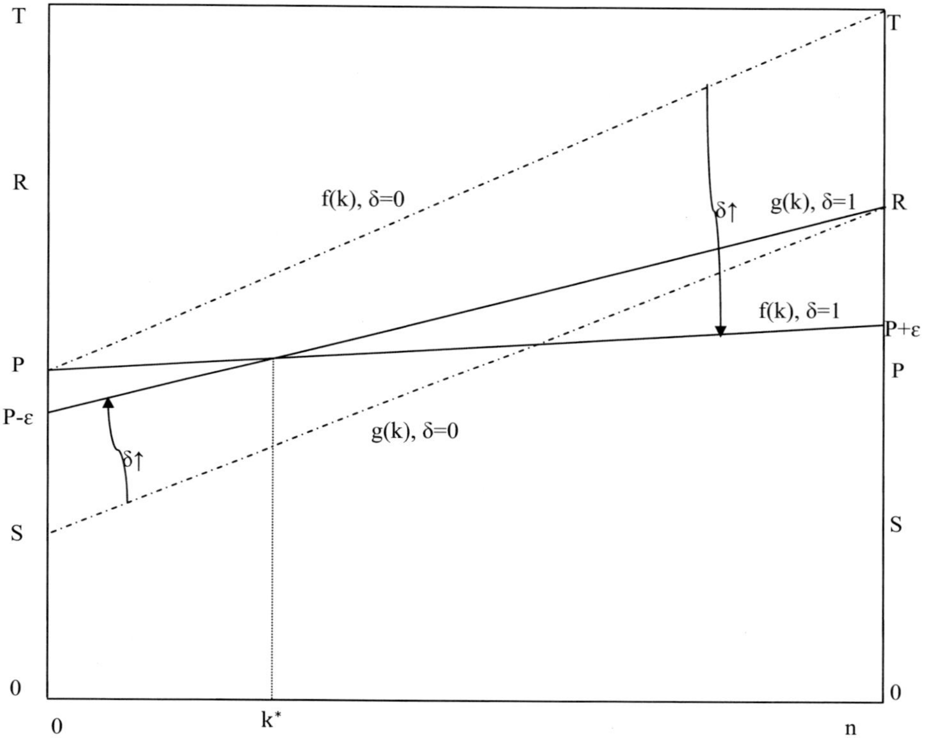

Quelle: Elsner, W. (2010): The process and a simple logic of 'meso'. Emergence and the co-evolution of institutions and group size, in: Journal of Evolutionary Economics, Vol. 20, Issue 3, S. 20.

Auszahlungsfunktionen für TFT vs. ALL D in Abhängigkeit von der Populationsgröße ($\delta_2 = \delta$), mit k^* als kritische Gruppengröße für die Institutionsentstehung und der potentiellen „relevanten" kooperativen Gruppe $k_{max} = n$.

$f_{ALL\ D}(k)$ – als durchschnittliche Auszahlung für den Defektor in Abhängigkeit von der Anzahl der kooperativen Agenten

Abbildung 12: Scatter Plots with Fitted Values: Trade Freedom and Dispute Variables

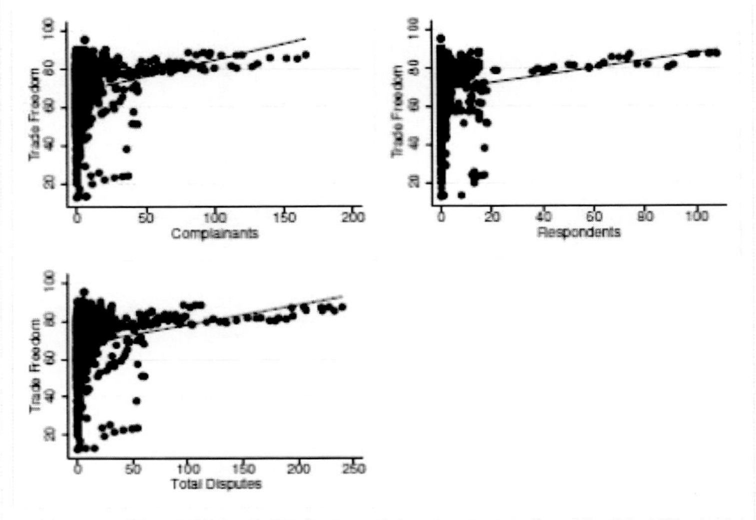

Quelle: Dluhosch, B.; Horgos, D.: (2011) (When) Does Tit-for-Tat Diplomacy in Trade Policy Pay Off?, Fächergruppe Volkswirtschaftslehre an der Helmut Schmidt Universität Hamburg, Diskussionspapier Nr. 116, S. 14.

Tabelle 1: Trade Freedom Index der Nichtmitglieder der WTO

Staaten	Daten 2012	Klassen	Die absoluten Häufigkeiten für 2012	Das Median
Azerbaijan	77,20	25	0	68,2
Bhutan	49,50	50	3	
Kazakhstan	79,60	75	9	
Laos	58,70	100	8	
Tajikistan	82,50			
Vanuatu	55,10			
Uzbekistan	66,10			
Algeria	72,80			
Iran	45,70			
Libya	85,00			
Syria	72,80			
Yemen	81,50			
Equatorial Guinea	58,80			
Ethiopia	65,60			
Liberia	53,80			
Seychelles	33,40			
Belarus	80,40			
Bosnia and Herzegovina	86,00			
Russia	68,20			
Serbia	77,90			

Quelle: http://www.heritage.org/index/explore,eigene Berechnungen.

Tabelle 2: GATT Verhandlungsrunden

Year	Place/name	Subjects covered	Countries
1947	Geneva	Tariffs	23
1949	Annecy	Tariffs	13
1951	Torquay	Tariffs	38
1956	Geneva	Tariffs	26
1960-1961	Geneva Dillon Round	Tariffs	26
1964-1967	Geneva Kennedy Round	Tariffs and anti-dumping measures	62
1973-1979	Geneva Tokyo Round	Tariffs, non-tariff measures, "framework"	102
1986-1994	Geneva Uruguay Round	Tariffs, non-tariff measures, rules, services, intellectual property, dispute settlement, textiles, agriculture, creation of WTO, etc	123

Quelle: http://www.wto.org/english/thewto_e/whatis_e/tif_e/fact4_e.htm, abgerufen am 30.07.2012.

Tabelle 3: MFN Zollreduktion der Industrieländer

Implementation Period	Round	Weighted Tariff Reduction	Implied Tariff Level at period beginning 2/
1948–63	First five GATT rounds (1947–62) a/	36 percent	15.4
1968–72	Kennedy Round (1964–67) b/	37 percent	11.3
1980–87	Tokyo Round (1973–79) c/	33 percent	8.3
1995–99	Uruguay Round d/	38 percent	6.2

Source: WTO website: www.wto.org/english/thewto_e/minist_e/min99_e/english/about_e/22fact_e.htm

1/ Industrial products excluding petroleum.
2/ Derived from column 3 and applied to the 2001 tariff level of 4.5 percent reported in Finger, Ingco, and Reincke (1996).
a/ US only.
b/ US, Japan, EC(6), and UK.
c/ US, EU(9), Japan, Austria, Finland, Norway, Sweden and Switzerland.
d/ US, EU(12), Japan, Austria, Finland, Norway, Sweden, and Switzerland.

Quelle: Subramanian, A.; Wei, S.-J. (2006): The WTO Promotes Trade, Strongly But Unevenly, in: NBER Working Paper 10024, S. 29.

Tabelle 4: Gebundene Zollsätze unter GATT vor der Uruguay Runde

	Industrial Countries 2/	Developing Countries 3/
Industrial Products	84.7	31.8
All Merchandise Trade	80.2	30.1

Source: Table G.2 in Finger, Ingco, and Reincke (1996).

1/ The term "bound" refers to the commitment by countries in the WTO not to raise tariffs beyond a certain level. The fewer the "bound" tariffs, the less the commitment to liberalize trade barriers. The percentages are weighted averages over all product groups and by each country's MFN imports.
2/ Includes Australia, Austria, Canada, Switzerland, European Union, Finland, Hong Kong, Japan, Norway, New Zealand, Singapore, Sweden, and the U.S.
3/ Includes 21 countries for which data are available in the WTO's Integrated Data Base (see Table 1 in Finger, Ingco, and Reincke, 1996).

Quelle: Subramanian, A.; Wei, S.-J. (2006): The WTO Promotes Trade, Strongly But Unevenly, in: NBER Working Paper 10024, S. 29.

Tabelle 5: Zollsätze in den geschützten Sektoren in den USA und der EU

	1989				*2001*			
	EU		*US*		*EU*		*US*	
Sector	Max.	Average	Max.	Average	Max.	Average	Max.	Average
Clothing	23	16	36	17	13	12	33	13
Food	180	25	25	14	75	17	350	28
Footwear	20	13	48	25	17	17	48	22
Misc. manufactures	28	12	38	14	22	13	38	14

Sources: United Nations, WITS Trade Database.

The average and maximum tariffs are unweighted averages of HS-8 digit tariff lines that make up the corresponding HS 4-digit categories listed in Appendix Table 3 and grouped under the 4 categories in this table.

Quelle: Subramanian, A.; Wei, S.-J. (2006): The WTO Promotes Trade, Strongly But Unevenly, in: NBER Working Paper 10024, S. 31.

Tabelle 6 : Angewandte und gebundene Zollsätze ausgewählter WTO-Mitglieder

Table 2-1. *Applied Tariffs and Bindings for Selected WTO Members, 2007*

Country or territory	*Product category*	*Binding coverage*[a]	*Average bound tariff*[b]	*Average applied import tariff*[b]	*Share of duties > 3 × average*[c]
European Community	All	100	5.4	5.2	4.2
	Agriculture	n.a.	15.1	15.0	8.3
	Nonagriculture	100	3.9	3.8	7.3
	Clothing	100	11.5	11.5	n.a.
Japan	All	99.6	5.1	5.1	3.6
	Agriculture	n.a.	22.7	21.8	5.8
	Nonagriculture	99.6	2.4	2.6	8.5
	Clothing	100	9.2	9.2	n.a.
United States	All	100	3.5	3.5	7.5
	Agriculture	n.a.	5.0	5.5	5.5
	Nonagriculture	100	3.3	3.2	8.5
	Clothing	100	11.4	11.7	n.a.
Brazil	All	100	31.4	12.2	0.0
	Agriculture	n.a.	35.5	10.3	0.2
	Nonagriculture	100	30.8	12.5	0.0
	Clothing	100	35.0	20.0	n.a.
China	All	100	10.0	9.9	2.4
	Agriculture	n.a.	15.8	15.8	3.2
	Nonagriculture	100	9.1	9.0	1.3
	Clothing	100	16.2	16.0	n.a.
India	All	73.8	50.2	14.5	3.7
	Agriculture	n.a.	114.2	34.4	1.2
	Nonagriculture	69.8	38.2	11.5	2.8
	Clothing	54.9	43.5	22.2	n.a.
Bangladesh	All	15.5	169.2	14.6	0.0
	Agriculture	n.a.	192.0	16.9	0.0
	Nonagriculture	2.6	34.4	14.2	0.0
	Clothing	0.0	n.a.	24.2	n.a.
Chad	All	13.5	79.9	17.9	0.0
	Agriculture	n.a.	80.0	21.9	0.0
	Nonagriculture	0.2	75.0	17.3	0.0
	Clothing	0.0	n.a.	30.0	n.a.
Colombia	All	100	42.9	12.5	0.4
	Agriculture	n.a.	91.9	16.6	3.2
	Nonagriculture	100	35.4	11.8	0.0
	Clothing	100	40.0	20.0	n.a.

Source: Author's compilations from WTO (2008c).

n.a. = Not available.

a. "Binding coverage" is defined as the share of Harmonized System (HS) six-digit subheadings containing at least one bound tariff line.

b. Simple averages are of the ad valorem (ad valorem equivalent) six-digit HS duty averages.

c. Last column is share of six-digit HS lines with applied tariffs that were more than three times the national applied tariff average.

Quelle: Bown, C.P. (2009): Self-Enforcing Trade: Developing Countries and WTO Dispute Settlement, Washington, S. 24.

Literaturverzeichnis

Arnold, R.A. (1980): Hayek and Institutional Evolution, in: The Journal of Libertarian Studies, Vol. 4, No. 4, pp. 341–352

Axelrod, R. (1980): More Effective Choice in the Prisoner's Dilemma, in: The Journal of Conflict Resolution, Vol. 24, No. 3, pp. 379–403

Axelrod, R. (1987): Die Evolution der Kooperation, München

Axelrod, R.; Keohane, R.O. (1985): Achieving Cooperation under Anarchy: Strategies and Institutions, in: World Politics, Vol. 38, No. 1, pp. 226–254

Bagwell, K; Staiger, R.W. (1999): An Economic Theory of GATT, in: The American Economic Review, Vol. 89, No. 1, pp. 215–248

Bagwell, K; Staiger, R.W. (2002): The Economics of The World Trading System, Cambridge

Bagwell, K; Staiger, R.W. (2009a): The WTO: Theory and Practice, in: NBER Working Paper No. 15445, pp. 1–39

Bagwell, K; Staiger, R.W. (2009b): What Do Trade Negotiators negotiate about? Empirical Evidence from the World Trade Organization, in: NBER Working paper No. 12727, pp. 1–37

Baldwin, R. (2010): Understanding the GATT's wins and the WTO's woes, in: CEPR, No. 49, pp. 1–12

Baldwin, R. (2011): 21st Century Regionalism: Filling the gap between 21st century trade and 20th century trade rules, in: CEPR, No. 56, pp. 1–23

Bowen, T.R. (2010): Limits of the WTO as a Self-Enforcing Institution, in: Stanford Graduate School of Business Working Paper No. 2071, pp. 1–32

Bown, C.P. (2009): Self-Enforcing Trade: Developing Countries and WTO Dispute Settlement, Washington

Brümmerhoff, D. (2007): Finanzwissenschaft, 9. Auflage, München

Burley, A.-M.; Mattli, W. (1993): Europe before the Court: A Political Theory of Legal Integration, in: International Organization, Vol. 47, No. 1, pp. 41–76

Caporaso, J.A. (1992): International relations theory and multilateralism: the search for foundations, in: International Organization, Vol. 46, No. 3, pp. 599–632

Coase, H.R. (1960): The Problem of Social Cost, in: Journal of Law and Economics, Vol. 3, pp. 1–44.

Conybeare J.A.C. (1980): International organization and the theory of property rights, in: International Organization, Vol. 34, No. 3, pp. 307–334

Davis, C.L.; Wilf, M. (2011): Joining the Club: Accession to the GATT/WTO, in: Social Science Research Network, pp. 1–52, http://papers.ssrn.com/sol3/papers.cfm?abstract_id=1900340, abgerufen am 30.07.2012

Denzau, A.T.; Kim, M.H. (2006): The WTO Does Promote Trade, on: http://www.cgu.edu/include/2006-04.pdf, abgerufen am 30.07.2012

Dluhosch, B., Krause, S. (2012): Diversity and the disinterest in trade liberalization: on the prospects of self-enforcing cooperation, in: Journal of Evolutionary Economics, DOI: 10.1007/s00191-012-0267-3, pp. 1–23

Dluhosch, B.; Horgos, D.: (2011) (When) Does Tit-for-Tat Diplomacy in Trade Policy Pay Off?, Fächergruppe Volkswirtschaftslehre an der Helmut Schmidt Universität Hamburg, Diskussionspapier Nr. 116, pp. 1–25

Douglas, A.I. (1995): The GATT in Historical Perspective, in: The American Economic Review, Vol. 85, No. 2, pp. 323–358

Dutt, P.; Mihov, I.; Van Zandt, T. (2011): Does the WTO matter?, on: http://www.voxeu.org/article/does-wto-matter, abgerufen am 30.07.2012

Elsner, W. (2010): The process and a simple logic of 'meso'. Emergence and the co-evolution of institutions and group size, in: Journal of Evolutionary Economics, DOI: 10.1007/s00191-009-0158-4, pp. 1–33

Ethier, W. (1998a): Regionalism in a multilateral world, in: Journal of Political Economy, Vol. 106, pp. 1214–1245

Ethier, W. (1998b): The new regionalism, in: Economic Journal, Vol. 108, pp. 1149–1161

Evans, W.J. (1971): The Kennedy Round in American Trade Policy. The Twilight of the GATT, Harvard

Evenett, S. J. (2005): What is known about the Effects of WTO Accession on Developing Countries? A brief Overview of the Literature, University of St. Gallen and The Brookings Institution

Evenett, S.J. (2009): The G20's assault on world trade, on: http://www.voxeu.org/article/update-global-protectionist-measures, abgerufen am 01.08.2012

Falke, D. (2009): Perspektiven für die Liberalisierung des Welthandels Bundesverband des Deutschen Groß- und Außenhandels e.V., Berlin

Flam, H.; Helpman, E. (1987): Industrial policy under monopolistic competition, in: Journal of International Economics, Vol. 22, pp. 79–102

GATT 1947, in: Hrsg. Schwartmann, R. (2011/12): Völker- und Europarecht, Heidelberg

Goldstein, J.L.; Rivers, D.; Tomz, M. (2007): Institution in International Relations: Understanding the Effects of the GATT and the WTO on World Trade, in: International Organization, Vol. 61, pp. 37–67

Grabenwarter, C.; Griller, S.; Holoubek, M. (2003): Europäisches und öffentliches Wirtschaftsrecht II, 5. Auflage, Wien

Grossman, G.M.; Helpman, E. (1995): Trade Wars and Trade Talks, in: Journal of Political Economy, Vol. 103, No. 4, pp. 675–708

Hamilton, D.W., Axelrod, R. (1981): The Evolution of Cooperation, in: Science, New Series, Vol. 211, Nr. 4489, pp. 1390–1396

Helpman, E.; Krugman, P.R. (1989): Trade Policy and Market Structure, Cambridge: MIT Press

Herrmann-Pillath C. (2011): Evolutionsökonomik, in: Hrsg. Otto, K.-S., Speck, T.: Darwin meets Business. Evolutionäre und bionische Lösungen für die Wirtschaft, Wiesbaden

Hoekman, B. (2010): The Doha Round impasse and the trading system, on: http://www.voxeu.org/article/doha-round-impasse-and-trading-system, abgerufen am 30.07.2012

Hoekman, B. (2011): Proposals for WTO Reform. Synthesis and Assessment, in: Policy Research Working Paper 5525, pp. 1–28

Holler J.M., Illing G. (2006): Einführung in die Spieltheorie, 6. Auflage, Berlin

Horn, H.; Mavroidis, P.C. (2009): The WTO Dispute Settlement System 1995–2006: Some Descriptive Statistics, pp. 1–31, in: Hrsg. Hartigan, C. H.: Trade Disputes and the Dispute Settlement Understanding of the WTO. An Interdisciplinary Assessment, Vol. 6, Bingley

http://www.petergallagher.com.au/index.php/site/article/does-wto-membership-increase-trade, abgerufen am 30.07.2012

Jackson, J.H. (1998): The World Trade Organization, Constitution and Jurisprudence, London

Jervis, R. (1978): Cooperation Under the Security Dilemma, in: World Politics, Vol. 30, No. 2, pp. 167–214

Johnson, H.G. (1953): Optimum Tariffs and Retaliation, in: The Review of Economic Studies, Vol. 21, No. 2, pp. 142–153

Keohane, R.O. (1982): The Demand for International Regimes, in: International Organization, Vol. 36, No. 2, pp. 325–355

Keohane, R.O. (1998): International institutions: Can interdependence work?, in: Foreign Policy, Issue 110, pp. 82–96

Keohane, R.O. (2005): After Hegemony. Cooperation and Discord in the World Political Economy, Princeton

Kono, D.Y. (2007): Making Anarchy Work: International Legal Institutions and Trade Cooperation, in: The Journal of Politics, Vol. 69, No. 3, pp. 746–759

Krueger, A.O. (1999): Are Preferential Trading Arrangements Trade-Liberalizing or Protectionist?, in: The Journal of Economic Prospectives, Vol. 13, No. 4, pp. 105–124

Krueger, A.O. (2000): The WTO as an International Organization, Chicago

Lowry, S.T. (1976): Bargain and Contract Theory in Law and Economics, in: Samuels, pp. 261–282

Ludema, R.D. and Mayda, A.M. (2006): The Free-Riding Effect of the MFN Clause: Evidence Across Countries, on: http://www.haveman.org/EITI07/ludema.pdf, abgerufen am 30.07.2012

Maggi, G.; Rodriguez-Clare, A. (1998): The value of trade agreements in the presence of political pressures, in: Journal of Political Economy, Vol. 106, pp. 574–601

Martin, L.L. (1992): Interests, Power and Multilateralism, in: International Organization, Vol. 46, No. 4, pp. 765–792

Mearsheimer, J.J. (1994-95): The False Promise of International Institutions, in: International Security, Vol. 19, No. 3, pp. 5–49

Möller, H. (1960): Internationale Wirtschaftsorganisationen, Wiesbaden

O'Rourke, K.H.; Findlay, R. (2008): Lessons from the history of trade and war, on: http://www.voxeu.org/index.php?q=node/971, abgerufen am 30.07.2012

OPEC: http://www.opec.org/opec_web/en/about_us/25.htm, abgerufen am 30.07.2012

Ossa, R. (2010): A 'New Trade' Theory of GATT/WTO Negotiations, in NBER Working Paper No. 16388, pp. 1–41

Ostrom, E. (2007): Challenges and growth: the development of interdisciplinary field of institutional analysis, in: The Journal of Institutional Economics, Vol. 3, No. 3, pp. 239–264

Oye, K.A. (1985): Explaining Cooperation under Anarchy: Hypotheses and Strategies, in: World Politics, Vol. 38, No. 1, pp. 1–24

Pöyhönen, P. (1963): A Tentative Model for the Volume of Trade between Countries, in: Weltwirtschaftliches Archiv, Vol. 90, No. 1, pp. 93–100.

Putman, R.D. (1988): Diplomacy and Domestic Politics: The Logic of Two-Level Games, in: International Organization, Vol. 42, No. 3, pp. 427–460

Rose, A. (2002): Do WTO Members Have A More Liberal Trade Policy?, in: NBER Working paper No. 9347, pp. 1–38

Rose, A. (2004): Do We Really Know that the WTO Increases Trade?, in: NBER Working paper No. 9273, pp. 1–47

Rose, A.; Moser, C. (2012): Why do trade negotiations take so long?, on: http://www.voxeu.org/article/why-do-trade-negotiations-take-so-long, abgerufen am 30.07.2012

Rudolph, S. (2011): The Gravity Equation and the Interdependency of Trading Costs and International Trade, Doctoral Dissertation, on: http://nbn-resolving.de/urn:nbn:de:bsz:14-qucosa-64322, abgerufen am 30.07.2012

Schelling, T.C. (1969): Models of Segregation, in: The American Economic Review, Vol. 59, No. 2, pp. 488–493

Schelling, T.C. (2006): Micromotives and Macrobehaviour, London

Schwartmann, R. (2011/12): Völker- und Europarecht, 8. Auflage, Hemsbach

Siebert, H. (1997): Weltwirtschaft, Stuttgart

Staiger, R.W.; Tabellini, G. (1999): Do GATT rules help governments make domestic commitments?, in: Economics and Politics, Vol. 11, No. 2, pp. 109–144

Stoler, A. (2008): Breaking the Impasse: A Critical Mass Approach to Multilateral Trade Negotiations, in: CPP Symposium on the Future of the Multilateral Trade System, pp. 1–6

Subramanian, A.; Wei, S.-J. (2006): The WTO Promotes Trade, Strongly But Unevenly, in: NBER Working Paper 10024, pp. 1–43

Sykes, O.A.; Schwartz, W.F. (2002): The Economic Structure of Renegotiation and Dispute Resolution in the World Trade Organization, in: John M. Olin Law & Economics Working Paper No. 143, pp. 1–37

Taylor, M. (1987): The Possibility of Cooperation, Cambridge

The Heritage Foundation: http://www.heritage.org, abgerufen am 30.07.2012

Tinbergen, J. (1962): Shaping the World Economy. Twentieth Century Fund, New York

Trebilcock, M.J.; Howse R. (1999): The Regulation of International Trade, London

Weimann, J. (1991): Umweltökonomie: Eine theorieorientierte Einführung, 2. Auflage, Berlin

Welfens, P.J.J. (2008): Grundlagen der Wirtschaftspolitik, 3. Auflage, Berlin

WTO (2011): World Trade Report 2011

WTO: http://www.wto.org/, abgerufen am 30.07.2012

Zahrnt, V. (2005): Strukturelle Probleme zukünftiger WTO-Verhandlungen, in: AUSSEN-WIRTSCHAFT Schweizerische Zeitschrift für internationale Wirtschaftsbeziehungen, Vol. 60, Issue 2, pp. 209–238

Ziegler, N. (2009): The Political Economy of International Trade Negotiations, Marburg